大学英语教学理论探索

黄菲菲 著

东北林业大学出版社
Northeast Forestry University Press
·哈尔滨·

版权专有　侵权必究

举报电话:0451-82113295

图书在版编目（CIP）数据

大学英语教学理论探索/黄菲菲著.--哈尔滨：东北林业大学出版社，2024.4

ISBN 978-7-5674-3519-3

Ⅰ.①大... Ⅱ.①黄... Ⅲ.①英语-教学研究-高等学校 Ⅳ.①H319.3

中国国家版本馆CIP数据核字(2024)第078600号

责任编辑：姚大彬
封面设计：郭　婷
出版发行：东北林业大学出版社
（哈尔滨市香坊区哈平六道街6号　邮编：150040）
印　　装：北京四海锦诚印刷技术有限公司
开　　本：787 mm×1092 mm　1/16
印　　张：9.75
字　　数：229千字
版　　次：2024年6月第1版
印　　次：2024年6月第1次印刷
书　　号：ISBN 978-7-5674-3519-3
定　　价：62.00元

如发现印装质量问题，请与出版社联系调换。（电话：0451-82113296　82191620）

前　言

英语教学本身是一门语言学科的教学，其中所涉及的内容都是语言内容，而且教育的目的在于综合培育学生的英语实践能力。从本质上而言，大学英语是学生学习英语的成熟阶段，这一阶段的学生已经具备一定的英语实践能力和意识，他们能够通过自己的英语思想展开相应的交流。英语不仅是人们交流和沟通的工具，而且，它还是提升国际竞争力的重要手段。在国际交往中，英语被广泛使用，已成为一种相对通用的语言，英语的普及性体现在国际政治、经济商贸、信息交流等各个领域。掌握了英语这种"武器"，能使我们更加有效地参与国际竞争。高等教育要培养能满足社会经济、科技文化等各个领域需要的具有国际竞争力的高质量人才，必须进一步改进大学英语教学的模式。

在英语教学中加强文化教学，重要的是关注不同语言所负载的文化在深层结构即价值观和思维方式上的差异，而不只是一般性地介绍交往礼仪、风土人情、时政要闻等。要让学生对目的语文化有整体性的认识和了解，大学英语教学中需要加强对目的语经典历史文献的阅读。这样做不仅有助于提高大学生的语言修养，而且有利于提高他们的跨文化交际能力。

本书主要研究大学英语教学理论。本书从大学英语教学概论出发，首先，对大学英语教学的内涵、大学英语教学的模式进行简要分析，继而介绍了大学英语课程建设，包括大学英语课程管理与课程体系建设、大学英语课程资源建设；接下来阐述大学英语教学法，包括大学英语常见教学法、大学英语其他教学法；其次，论述了大学英语听力教学理论、大学英语口语教学理论、大学英语阅读教学理论、大学英语写作教学理论；最后，对大学英语跨文化教学理论进行全面的讲解。本书适合从事大学英语教学的工作人员进行阅读分析，也对英语爱好者的学习有一定帮助。

在本书写作过程中，参考和借鉴了一些知名学者和专家的观点及论著，在此向他们表示深深的感谢。由于水平和时间所限，书中难免会出现不足之处，希望各位读者和专家能够提出宝贵意见，以待进一步修改，使之更加完善。

编　者

2023 年 12 月

目 录

第一章 大学英语教学概论 (1)
  第一节 大学英语教学的内涵 (1)
  第二节 大学英语教学的模式 (7)

第二章 大学英语课程建设 (17)
  第一节 大学英语课程管理与课程体系建设 (17)
  第二节 大学英语课程资源建设 (23)

第三章 大学英语教学法 (34)
  第一节 大学英语常见教学法 (34)
  第二节 大学英语其他教学法 (48)

第四章 大学英语听力教学理论 (61)
  第一节 大学英语听力教学理论综述 (61)
  第二节 大学英语听力教学策略 (69)

第五章 大学英语口语教学理论 (77)
  第一节 大学英语口语教学理论综述 (77)
  第二节 大学英语口语教学活动设计 (84)
  第三节 大学英语口语会话技能 (91)

第六章 大学英语阅读教学理论 (95)
  第一节 大学英语阅读教学理论综述 (95)
  第二节 影响英语阅读理解的主要因素 (99)
  第三节 大学英语阅读教学的策略 (105)

第七章 大学英语写作教学理论 (112)
  第一节 大学英语写作教学理论综述 (112)
  第二节 大学英语句子写作教学 (118)
  第三节 大学英语段落写作教学 (127)

第八章 大学英语跨文化教学理论 (132)
  第一节 大学英语跨文化教学理论基础 (132)
  第二节 大学英语跨文化教学交际 (137)
  第三节 大学英语跨文化意识的培养 (143)

参考文献 (148)

第一章 大学英语教学概论

第一节 大学英语教学的内涵

一、英语教学的内涵

（一）教学的定义

英语教学的内涵具有十分广泛的意义，需要进行多方面的了解，首先要明白和清楚的是"教学"这一基础概念。由于"教学"是一个广义的概念，涉及方面很多，因此，不同的学者所侧重的方面的不同也会导致对这一概念的定义出现一定的差异。

"教学"所涉及的内容概括为以下两个方面。首先，"教"与"学"是处于同等地位的一种并列关系，而不是谁需要依附谁的从属关系；其次，教学过程是一个传递学习内容和学习方法的过程，是使动关系。通过对教学以上两种关系的分析，我们可以将教学过程理解为是一种辩证关系和双向关系。教与学是两个不可分割的个体，学是教的前提和目标，一切应该以学为出发点。从某种角度来说，教与学的规律具有很大的一致性。

总体来说，我们认为教学的含义需要包括三个方面的内容，即教学、"教"与"学"的区别、教给学生如何学习。这三个方面是处于同等重要的位置的，且不可或缺。

（二）英语教学的定义

英语对于我国来说，是一种外来语言，其在实际的使用过程中还是存在一定困难的。毕竟不是作为母语使用，因此使用范围还是受到限制的，适合语言学习的环境和对象都相对匮乏，这些都直接影响着我国英语教学水平的提升和大学生对英语的使用能力。

英语教学体现的是教学的最本质的教育意义，这主要是相对教师和学生来说的。从教师的角度来说，教学是教师对学生的学习行为进行有效指引和帮助的过程；从学生的角度来说，教学则是跟从教师的指导而进行的活动。而检验教学效果是否达到预期目标的标准则是学生是否得到相应提升和发展。教学涉及的是教师和学生两个方面的内容，是一个教师教和学生学的双向行为。整体来说，有关英语教学的基本内涵可以从以下3个角度来进行理解。

（1）英语教学的过程可以归结为系统性和计划性的完美结合。系统性主要是指其制定者是教育部门、教研机构或者是学校的教学管理者等，不可以自己随意更改。而英语教学的计划性则指的是在英语基础知识的相关技能传递规划。

（2）英语教学存在一定的目的性。英语教学在我国的开展是分有不同阶段的，而不同阶段所要达到的目标也是不同的。

（3）英语教学活动的开展需要恰当的教学方法的支持。英语教学在经历了长时间的在中国的发展，形成了一套自己的行之有效的教学方法。再加上如今的科技和教学设备的不断更新，都为英语教学的发展提供了技术支持。

经过前面的阐述，我们对英语教学有了一个更全面的认识，因此将其内涵总结为：教师在特定的教学目标和教学目的的促使下，经过系统性计划，在相关的技术和方法的基础上，对英语知识进行传授，从而形成一种有效的促进教师的教和学生的学的统一过程。

（三）英语教学的实质

英语教学所体现出来的意义远远超过了语言教学的范畴，其更重要的是侧重于文化教学。以下就分别从语言教学和文化教学2个方面来进行阐述和说明。

（1）英语教学属于语言教学范畴。英语属于语言种类，是一种交际手段，根据这样的论述，我们将对其进行的一切教和学的过程称为是语言教学也就不足为奇了。其实不难理解，语言教学都是以实现学生对语言的准确掌握和正确使用为最终目的的。英语对我国人民来说，是外来语种，是作为第二语言进行学习的，所以开展的教学活动也可以称为外语教学。纵观人类外语教育的发展史，任何一种外语在进行教育的过程中都与知识教育的开展有着密切联系，重视外语基础知识的培养对开展外语教学意义重大。从这个角度来说，以英语教育为基础的语言教育其目的就是要使学生具备运用英语的能力。

不过，我们需要认识到那些不是将语言进行使用而是以语言知识为基础进行的研究行为是不属于语言教学范畴的。特别是一些如今已经不再使用的语言形式，如对古汉语的研究，这种语言学习是和我们通常理解的语言教学是完全不同的概念，因此要将二者进行区分。

（2）英语教学属于文化教学范畴。自古以来，语言的产生和文化就有着不可分割的关系，语言是以文化为基础产生的，同时又承载和反映着文化。在对大学生进行英语教学的过程中，不仅需要让他们对基础的语言知识有一个基本的掌握，同时还要注重对他们的英语思维能力的培养和锻炼，从而提高他们综合运用语言的能力。如果是从这个层面来对两者进行理解的话，英语教学和文化教学在某些层面上是一致的。

二、英语教学的要素

教学的组成要素是非常多的，构成了一个复杂的系统。实际中为了更好地进行区分，将众多英语教学要素划分为实体与非实体2部分。

（1）实体角度。从这个层面来划分的话，英语教学要素主要有教师、学生、教学媒介等方面。由于英语的外来性，所以就导致了英语教学活动的开展需要依附于英语教师这一媒介。学生在进行英语学习时需要英语教师的指引，因此英语教师对学生来说至关重要，并且直接影响着学生英语水平的发展程度。在这一教学过程中，学生是整个学习的主体部分，是构成教学系统的最基本的要素。教学媒介的构成有教材、教具和其他一系列对英语教学有辅助性作用的工具，它们共同构成了影响和保证教学质量的重要方面。

（2）非实体角度。从这个层面来划分的话，英语教学要素设计所涉及的内容是多方面的。主要有教学的内容、方法、目标、评价，教师的教学水平、学生的学习能力、学生的思想水平的发展状况以及学校的校风等。

不过，在对英语教学进行研究时，掌握和了解教学元素是一切活动开展的基础。我国传统教学模式由来已久，并且在一定程度上对英语教学的进程产生了阻碍，英语教师将主要的侧重点放在了对学生的基础知识的传授方面，却相对淡化了对学生综合英语水平的重视程度。学生在教学元素的构成中具有重要作用，如果可以认识到教学改革过程中学生的主体作用的意义，这对整个的英语教学体制改革的进程是有利而无害的。

三、大学英语教学的基本关系

（一）英语与汉语之间的关系

少年儿童在能够比较好地使用汉语进行交际时便开始了英语课程的学习，在这个年龄阶段，他们已经掌握了一定量的汉语词汇，语言表达也基本符合语法规范。英语是作为一门外语来学习的目标语，人们常常谈到的是"迁移"问题，迁移是指学习者已有知识对新知识或技能的获取产生影响，学习者易利用已知和获得的语言知识去理解新的语言。语言教学研究吸纳了迁移理论，认为母语迁移会影响外语学习，初学者对英语语法规则还不熟悉，没有完全掌握，汉语很容易被迁移到英语学习中，也就是说，母语对目标语的学习起到了负面影响。在迁移现象的研究中，包括对比分析假说、标记理论和认知理论。两种语言相似引起正迁移，两种语言相异引起负迁移。除母语和目标语两者之间存在的异同外，还要考虑母语在哪个阶段、在什么条件下影响目标语学习。从学习阶段来看，由于学习者缺乏足够目标语知识，因此，这一阶段有可能将出现母语知识的负迁移。

1. 语音迁移

语音迁移是表现最为明显也是最为持久的现象。由于英语和汉语分属不同语系，导致两者在语音方面存在很大差异。作为一种声调语言，汉语里用四声辨别不同意义。另外，英语和汉语的音素体系也差别较大。

2. 词汇迁移

英语初学者经常会认为英汉语的词汇有一一对应的关系。一个单词在另一种语言的对应词有几种不同意义，呈现重叠、交叉和空缺等形式。英语初学者往往会将汉语的搭配习惯移植到英语中，这会导致语言学习的错误，也是初学者易犯的错误。英汉两种语言文化差异也会导致两种语言词汇意义的差异。

3. 句法迁移

句法就是组词造句的规则。英汉两种语言在句法方面存在一些相同之处。首先，汉语是一种分析性语言，各种句法关系主要通过词序和虚词的使用来表达，尤其是对于初学者来说，易受汉语影响。其次，英语重合，常通过语言形式与手段来表达句子中的词语和分句之间的意义和逻辑关系。中国学生在使用英语时常按照汉语习惯，将一连串单句罗列起来，正确的表达并非如此。在静态和动态方面，英语和汉语也呈现出一定差异。

迁移并非完全是坏事。由于英汉两种语言之间有很多相似的地方，英语和汉语句子结构的相似性也会产生正迁移。与汉语和英语的关系相关的还有语言的社会功能。如果因为外语学习而忽视了母语学习，那就会有消极影响。在国内，这种现象在某种程度上是存在的。

（1）全社会重视英语教学，但决不要忽视汉语母语的学习。英语是国际交往中最为重要的交流与沟通的语言工具。目前，中国人有非常多的英语学习者，英语被作为重要课程。与此同时，各种各样的学习用书、音像制品和软件也应运而生，学好英语有利于中国学生了解世界，有益于中国与国际之间的交流与合作，进而提高我国在国际竞争中的实力，但这样会对学生，尤其是中小学生造成一种错觉，那就是学习英语最重要，重视程度已经超过了母语，从而忽视汉语学习。事实上，英语与汉语学习同等重要，忽视对母语汉语的学习并不利于学习英语。

（2）克服负向迁移，促进正向迁移。对英语和汉语的学习存在两种态度。首先是培养学生使用英语进行交际，且在有限课时内尽可能地使用英语进行课堂教学。汉语是他们的母语，如果在教学过程中过多地采用汉语，将会养成一种以汉语做"中间语"的不良习惯，这样就很难流利地用英语表达思想和沟通。全部用英语教学在很多课堂还难以实现。所以，这两种态度截然相反，但都不可取。

①汉语作为教学手段，使用方便，但是不能过多使用。如果没有已经学过的词汇可以利用，也可以对发音要领等难以用英语解释的内容使用汉语做简要说明。

②可以提高教学的预见性和针对性。教师应对英语所特有的内容有针对性地将其作为教学重点。对于两种语言中相似但又不相同的内容，教师在教学过程中要多加讲解。

（二）外国文化与中国文化之间的关系

语言与文化的关系密不可分，英语学习中有大量跨文化交际因素。

文化指所学语言国家的历史、地理、传统习俗、生活方式、文学、艺术和价值观念等。它不仅包括城市、组织等物质因素，还包括思想、习惯、语言等非物质因素。主要表现语言是文化的重要组成部分、语言是文化的载体、语言与文化相互影响且相互作用。语言反映了一个民族的文化。

语言具有丰富的文化内涵。在一种语言中，文化内涵体现在单词到语篇的每个部分。英汉两种语言存在许多差异。文化的内涵分为三个层次，第一，物质文化；第二，制度文化；第三，心理层次。第一层次和第二层次的文化迁移大体属表层文化迁移，人们可以感觉到不同文化在这些方面存在的差异。由于它属心理层次，所以涉及人们的观念和思想。

文化迁移也有正、负迁移的区别。母语文化的学习不得在外语课程教学中被忽视，信息传播的各种文化因素在教授和传递过程中必须以学习者的母语文化做比较。通过比较，我们可以了解和确定教学目标文化知识的核心内容，以达到定向教学和提高教学效率。英语教学不仅要促进开拓和引进外国文化和科学，而且要完成中国文化传播任务。在中国，文化中被忽视的课程是不可能与同质思维交流的，从而阻碍了文化之间沟通能力的培养。

我们在处理外国文化与中国文化之间的关系方面，要注意以下几个问题。

1. 传授文化知识

英语教学不能是单纯的语言教学，还要了解英语国家的文化和社会风俗习惯。在英语教学中非常有必要渗透有关文化知识的教育。为适应国际竞争，我们需要培养具有现代意识的人才，思想开放，能够更多地吸取其他民族的优秀文化。在这方面，英语教学肩负着重大的责任。文化知识教育必须适度地渗透在英语教学中，不能只为传授文化，在英语教学中导入文化的内容,英语教学与文化输入并举。要注意注释、融入和体验的区别,注释是在教材中对具有文化内涵的内容进行解释,比较零散,缺乏系统性。融入是直接将外国或中国文化的内容作为英语教学材料来学习。体验是通过具体语言实践学习和了解外国文化。

2. 传授外国文化,重视本国文化

当要传授文化知识的时候,不要忽视国家的文化知识。语言教学仍然存在一个问题,在这个问题上,中国的文化知识仍然没有受到足够的重视。许多拥有良好英语知识的年轻中国学者从未向人们展示过中国文化和文明中较深的文化特征。

3. 培养学生跨文化意识

在语言交际过程中,要根据外国文化调整自己语言行为的自觉性。他们能够自觉地按照英语的文化习惯进行交际。学生的文化平等意识也要注意培养。

4. 培养学生文化鉴赏能力

在学习异国文化过程中,如果不善加引导,很容易疏远甚至忘记本民族文化传统。

(三)语言知识与语言技能之间的关系

综合英语运用能力的有机组成部分就是语言知识,英语教学的基本目标之一就是使学生掌握一定的英语基础知识。交际目的的实现要通过人的发音器官发出的声音来传达,上述与语音、语法、构词法、拼写都有关系,通过训练在获得听说技能的同时也有助于语法和词汇学习。

词这一概念我们非常熟悉,语言学家对词下定义时的说法存在不同。

词是语音、意义和语法的结合体。每个词都有一定语音形式,主要通过语音以区别于其他词,根据其层次,这些意义又可以被分为字面意义和暗含意义。具有语义的统一性和结构的固定性两个特点。在语义上是一个不可分割的统一体,词汇是构筑语言的材料,要想具备较好的语言技能则必须要掌握足够的词汇。

语言是词的线性排列,遵循一定本语言社团所共同接受的规则。由此看来,汉语与英语的语法就具有很大差异。

语言技能指运用语言的能力,包括听、说、读、写四个方面。听是分辨和理解话语的能力,说是应用口语表达思想,读是辨认和理解书面语言,写是运用书面语表达思想。听、说、读、写是学习和运用语言必备的四项基本语言技能,是形成综合语言运用能力的基础。

语言知识和技能都是语言的一部分。他们都是语言技能发展的基础。没有充足的词汇就不能很好地培养语言能力。

(1)这两种语言知识的重要性并行。在对传统的语法翻译教学方法的批评的基础上,语言技能培养在教学中很容易被忽视。

语言知识是能力的基础,语言的综合能力是多面的,还包括社会语言学能力、语篇能力和策略能力。这就意味着学习语法是为了正确地使用语言,还要保证语言的语法规范。当然,英语教学不能仅仅停留在知识传授和学习中,还要着力于提高语言技能质量。

(2)语言知识的传播应当基于语言实践活动。英语的初级阶段主要是通过耳朵听力训练、语言表达、读和写来学习英语。

（3）听力、说话、朗读和书写能力四种技能能够互相协调，甚至可以进化。

教师与学生都是英语教学活动的实践者，对于英语学习起着至关重要的作用。

教师的主要任务是引导和帮助学生学习英语。教师应研究教育方法，根据学生的生理和心理发展的特征进行，并动员学生的主动性与积极性。除此之外，教师还要帮助学生培养良好的学习习惯。此外，在学生的主体性方面，学生的个人差异必须得到充分考虑。影响英语学习的重要情感因素是学习态度与动机。如果学习者对讲英语的人和英语教师不感兴趣，学习的成功也无从谈起。内在动机来自个人对所做事情本身的兴趣，外在动机是外部因素作用的结果。内在动机和外在动机之间存在着相互影响的关系。态度包括认知、情感和意动。

个性和英语之间也有关系，个性特征是学习外语的最重要的两种特质之一。性格外向、开朗、健谈的学生，很容易给人留下良好的印象，他们适合学习外语，善于思考。受教育的学生更愿意在课堂上和课外的时候使用英语，回答问题时不害怕犯错误，他们的语言能力由此就能很快地发展。外向的学生更能够全面而准确地理解语言结构。内向的学生需要一个鼓励的、轻松的学习环境，并尝试运用英语交流。过度焦虑可能妨碍学习外语，前者可以让学生获得积极性，而后者则能使学员逃避学习作业。除人格因素影响以外，学习场地及个人体验等因素也助长了焦虑情绪。如果你尽快确定目标，找到克服困难的方法，同时看到结果，就是提高自信。心理上的障碍是人类为了自身生存逐渐产生的屏障。随着自信的增强，人们开始在情感和个性上建构起防线。这种意愿在青少年发展时达到顶峰，有较弱的自我意识的学生往往由于失误而不参与语言活动，这种障碍可以在适当指导下加以克服。就认知方式来讲，英语学习者可以分为两种：场依存和场独立。让学习者观看一个复杂的图案。目的是看他们是否能够把看到的东西分解成若干部分。依存型的学习者具有以下特点：他们对教师提供的语言信息不加分析就接受。这类学生特别依赖别人对他们的看法，他们给别人的印象是直率的，对别人感兴趣的。场独立型学习者在外语结构知识方面学习起来更容易些。

师生互动是为了实现学生的个性化发展，因而教师在课堂上应当重视学生的个性表达，学生在教育中逐渐成长，在这个过程中，独立人格逐渐生成，对外界事物也会有自己独特的见解，一个具有健全人格的学生在未来会用负责的态度与他人进行合作和交往。在课堂互动中，教师要将学生当作具有主体个性和完整的人，重视学生的发展潜力并鼓励学生主动参与，学生不是接受知识的客体，教师可以运用各种互动方法激发学生的学习动力，始终帮助学生主动参与教学环节，让学生学会并主动地做课堂的主人。

交往行为在课堂当中十分重要和必要，如果教师不会与学生沟通，就无法进行教学，课堂互动就是教师与学生进行交往的过程，课堂教学当中，教师应借助多种媒介，利用多种手段与学生进行互动。课堂教学中，师生互动是多维度的，多维互动形式互相作用，课堂是教师和学生的交汇点。在课堂互动中，学生和教师是紧密联系的主体，无法分割，但是他们的交往不应当是一种手段，而应当将其看作是教学的内容和途径，学生在交往中学会学习，在学习的过程中掌握交往的技能和方法。

传统的班级座位分布是纵横成排排列的，这样的排列方式使教师和学生之间的距离变远，不利于师生之间进行互动。教师和学生在课堂当中，通过进行互动可以改变空间布局,尝试采用分组式的空间分布。将不同水平或不同性格的学生分布到不同的小组,帮助学生实现优势互补,让生的座位空间结构的改变还能增强师生互动,让课堂不再是教师的一言堂,增强师生对话的可能性。

在英语教学中,教师要充当以下角色。

1. 语言知识与文化知识的传授者

对于中国的英语学习者来说,必须有大量的词汇量,掌握英语语法基础知识。因此,教师要向学生传授英语语言和文化知识,但并不意味着一定要采取"满堂灌"和"填鸭式"的教学方式。

2. 语言技能的培养者

语言训练师导演会和演员交谈,为了帮助演员扮演角色。

3. 语言使用与交际的示范者

第一,教师本身要具备良好的语言基本功;第二,教师的语言要适合学生的语言水平。

4. 语言交流活动中语言的扮演者

语言交流活动的组织者和参与者在许多情况下必须在活动中扮演一定角色,这样学生就能在不知情的情况下学会语言。

5. 语言学习过程诊断和咨询

学生面临着各种困难和矛盾,这要求教师能够帮助学生解决这些困难或困扰。首先,教师应该有好的理论学习,了解外语工作过程。

6. 收件人和学习材料提供者

如今市场上有很多学习材料。这就要求教师建议或提供有关适合学生实际情况的学习材料。

7. 激发学习兴趣

英语学习成功的关键是学生的学习动机是否足够。这就要求教师激发学生的学习动机和兴趣,如好奇心、渴望成功、自尊心等。此外,还必须鼓励学生的进步,这样学生才有自信。

8. 语言学习规律的学习者和研究者

感性经验上升到理论才能有效地指导教学活动,一方面,我们要求教师继续学习,另一方面,我们必须将自己的教学方法与实践相结合,以便探索和学习外语知识。

第二节 大学英语教学的模式

一、教学模式的概念界定

教学模式的相关研究在我国产生并发展只不过是近几十年的事情,在这几十年中相关学者对于其的认识和见解各不相同,这种状况一直延续至今。

从特定领域到教育学,一部分人士将教学模式当作一种不同寻常的特殊的教学手段,另一部分人士则认为其是与特定任务相关联的一种程式。

本书对英语教学模式做出如下界定：在某些特定的教学思想以及特定的教学理论的引领下，或根据特定的英语教学实践，利用一系列的教学程序及教学方法来实现教育单位或教师个人的英语教学目标。这个过程中包含有教学活动的各个方面以及各个步骤。

二、教学模式的结构分析

教学模式的结构划分为相互区分又相互关联的六个方面，这六个方面依次是教学思想或教学理论、教学目标、操作程序、教学条件、师生组合和教学评价。

（1）教学思想或教学理论在实践的过程中通过总结升华即成为理论；通过理论反过来去指导、应用于实践，得到更多更好的结果，即为教学模式的真实写照。因此对于教学来说，进一步对于一套教学模式来说，首要的构成要素即有一套完整的理论支撑。

（2）教学目标。教学的存在是为了达成一定的目标，制定一套教学模式也是为实现特定的教学目的而设置的，没有明确的教学目的或者教学目的不明确的教学模式是不切实际的。

（3）操作程序。很多情况下，不同的教学模式、教学理论与教学目标上都会存在很大程度的相同或相似，但之所以能够区分不同模式，一个关键的因素就是操作程序的不同程序的优劣也直接影响了教学模式成功与否。

（4）教学条件。教学目标如若完全是当初教学模式的目标，相当的硬件条件或软件条件支持是必要的。拥有这些必要的软件条件和硬件条件，教学模式才能够如预期发挥作用。事实上，必要的软硬件条件不全部是增加或增强软硬件的效用，有些情况下也可能是限制某些软硬件效用的发生。

（5）师生组合。教学活动主要包含有教师与学生两大角色、两种角色在教学中的地位、任务各不相同但又紧密相连。在不同的教学模式中教师与学生的组合关系具有显著的差别，这些差别造成了不同的师生组合产生的效率或效能。

（6）教学评价。教育模式六个组成部分的最后一个关键部分即为教学评价。一套教学模式的优劣以及是否达成目标或是目标达成程度如何，都需要一套标准和方法做出评价，以期为是否继续采用本套教学模式或应该将本套系统做出何种改进提供依据。

三、教学模式的主要功能

教学模式具有双重功能，不仅仅包括由实践总结升华而来的理论，同时也包括理论指导下的实践活动。教学模式以一种通俗易懂且方便传授的方式将教学理论与教学思想保留传播开来，接受者就可以充分理解与利用这些知识。另外，教学模式也为教学活动的参与者提供行之有效的、以教学目标为宗旨的程序以及条件，从而不断地升级现有的教学方法。

一般来说，教学模式主要包含五大功能：咨询阐释、描述组建、诊断预测、示范指导、系统改进。

教学模式的改进有赖于使用者观念的改进，而教学系统的改变相应地一定会带来教学模式全部环节的改变与提升。

四、移动互联网背景下的教学新模式

(一) 教育大数据与"以学定教"

1. 教育大数据解析

(1) 教育大数据的概念。大数据时代提供了海量的信息资源,使人们不再受到信息量的局限,能够获得更为丰富和精准的信息。在教育领域,大数据更是提供了很多的方便之处,根据利用的大数据类型的不同,主要将教育大数据分为广义和狭义两种,广义的教育大数据指利用教育领域的各种资源,全方位地调查研究教育水平和教育情况,狭义的教育大数据是指只获取学生的相关受教育资料,以获得针对性的局部教育分析。

综上所述,教育大数据是教师在教学过程中和学生在学习过程中所产生的各类数据的总和。这些数据既有静态的结果性数据,也有动态的过程性数据。这些数据由大量师生历经十年或者更多年的积累后,会形成非常有价值的数据库,通过对数据库中的数据根据限制条件的搜索、查找、分析,可以找到学生教学成绩和情感态度等发展规律,当有新的学生加入,并且符合某些数据模型后,就可以根据该学生展示出来的特殊特征,预测该学生的相关情况,或者对其进行有针对性的指导。

(2) 教育大数据的主要特征。首先,教育大数据信息的数量丰富是其首要的特征,学生在课堂上的每一个细微的反应,都有可能成为教育大数据中的信息。其次,教育大数据信息资源的类型丰富也是其一大特征,教师可以获得不同方面、多种角度的教育资源,以更全面地了解学生的学习状况或更好地提升自己的教育能力、教育水平。最后,教育大数据还有一个至关重要的特征,即价值密度低,也就是要求教育工作者对其信息进行充分挖掘,才能获取到更有价值的信息。

(3) 教育大数据的主要功能。在大数据时代中,信息的爆炸性增长决定了教育模式的改革具体来说,在新的教学模式中,教育大数据的功能主要有以下几点:

第一,精准分析学生状况。教师要积极利用这一时代优势,学习并掌握适应大数据时代的新的技术和方法,才能更精准、高效地挖掘与高校学生相关的数据和信息。其实,与大数据相适应的新方法新技术可以渗透教学中的每一个微小的细节,以获得学生的受教育状况。

第二,支撑教师个性化。教育大数据有助于教师教育的个性化,有助于学生进行更主动性的学习。教育大数据为教师提供了更加丰富的信息,有助于教师形成个性化的教育方式,以提升师生互动关系,帮助学生进行更加主动的学习。

第三,推动教育管理的变革。传统的教育管理是以人为主,例如教育部主任或教学领导的管理,由于人性化的原因,传统的教育管理存在着很大的不确定性。而当前由于教育数据化,教育者应该增加教育数据的比重,以提升教育管理方式的确定性,保证教育管理的水平。

总之,教育大数据可以促进教与学的过程,推进教育主管部门教育决策的科学化,实现真正的个别化教学,促使教育评价全面有效,完善教育质量监督体系,对整个教学改革、教学研究等产生巨大的作用。

2. "以学定教"教学模式解析

（1）"以学定教"教学模式的内涵。"以学定教"教学模式首先冲击和逆转了传统的训导教学模式：

它强调的是学生自主学习，体现学而后有困，而后有教，教引导学、教学相长、学而后懂的先进教学思想。

（2）"以学定教"具体教学环节。教育大数据支撑下的"以学定教"是指在云平台数据支撑下，通过教师推送导学案和前测习题，平台分析学生预习后的数据，为教师课堂教学提供教学起点，教师在课堂上会充分利用平台对每项教学内容和学生的数据分析，开展课堂教学。反思以往的教学模式和教学过程，最吸引教师注意力的是一些很直观的数据，借此来考查学生们的学习状态。而考虑到现在以大数据为主的时代背景，每一个数据的背后都隐藏着海量的信息，但大部分信息只有空壳，亟待人们的进一步挖掘。这表明当今时代的教师要积极利用这一时代优势，学习并掌握适应大数据时代的新的技术和方法，才能更精准、高效地挖掘与高校学生相关的数据和信息。其实，与大数据相适应的新方法、新技术可以渗透教学中的每一个微小的细节，教师若想掌握学生的消费水平和生活状况，就可以通过查询校园卡等相关购物记录以获取相关的信息教师若想了解学生们对社会的关注重点，可以通过获取、查询学生对于热点新闻的点击率、浏览次数以及相关贴吧的转帖量、发帖量，来更好地捕捉到学生们对社会新闻的关注点。当然，教师还应该更深层次地了解学生们的内心世界，通过互联网交友平台来了解学生们的思想动态，通过捕捉学生们在互联网上流露出的思想动态，教师们能够更好地与学生们拉近距离，更能借助这样的机会发现学生们隐藏的问题，及时地帮助学生们改正错误，回到正轨。

（3）"以学定教"模式的理论探究。

①人本主义学习理论探究。首先，教育工作者们要注重学习的个性，对学生进行人性化的管理，并且激发其主动性学习的能力；其次，教育工作者应当意识到自身工作职责中的个性化，即要制定个性化的教育方式，提供更为个性化的教育。最后，教育者还应充分意识到受教育者今后要面临的人际环境，充分为其今后的发展做考虑。

②活动理论探究。实践活动有助于加深学生对于理论学习的加深，更加理解理论内容，并且使得学习到的理论内容得以应用，教育工作者应当将活动理论探究作为教学的一大重点，在理论教育与完全投入生活实践中架起一道桥梁，为学生以后投入生活实践打下一定的基础。

③混合学习理论探究。混合学习的概念是：将传统的教育方式和当前的数据教育方式结合，既能发挥教育者的引领作用，又能实现学生的自主性学习。

混合式学习理论带来的启示主要有以下几点：

第一，协作学习和自定步调。学生可以根据自己的学习情况和学习能力进行自主性的选择性学习。

第二，网下学习和网上学习。在线学习能有效实现个性化学习，学员可以根据自己的时间安排学习进度，根据自己的需求、知识背景、个人喜好、学习风格来选择学习内容，有效地增强了学习的针对性，从而提高个人的学习效率，大致可提高30%以上。

混合式学习的优势：

①相当于一对一的教学。

②按需学习，可以选择自己需要的内容有针对性地学习。

③按效学习，可以按照自己的学习效果，判断是继续学习和巩固已有知识，还是应该学习新知识。

④按兴趣学习，"兴趣是最好的老师"。

⑤效率高，通常自主选择的内容，学习能动性会比较高，学习效率自然就高了。

第三，混合多种教学资源。在混合学习模式中，教育工作者们应利用多方面的教学资源，以提升教学范围的覆盖层面，并且开阔学生的视野口

第四，学习的结构化和非结构化。教育大数据领域方兴未艾，既具有巨大的发展潜力，又面临着诸多的挑战。我国教育大数据领域正处于起步阶段。教育大数据研究与应用具有鲜明的特点，其发展需要将大数据技术与教育领域进行深度融合。在"互联网+"时代，为了更好地应对教育大数据所面临的一系列挑战，迫切需要在体制与机制上多方协同，各尽其力，以形成一种合力，将教育大数据产业发展得越来越完善

3. 教育大数据对"以学定教"教学模式的影响

在大数据的驱动下，教育研究将出现不同的态势，通过挖掘、分析教育大数据，研究者可以量化学习过程，表征学习状态，发现影响因素，找到干预策略，从更深的层次揭示教育规律。诚然，规律发现并非易事，但可以肯定的是，在多来源、大体量数据的基础上，通过技术手段进行数据汇集和共享，组织研究者进行群体协作，开展大量能够进行标准化、具有对比意义的研究，最终更易发现真实的教育规律。

大数据在教育领域中的主要作用就是进行预测、行为分析、学院分析等，对学生学习过程中产生的各种数据进行分析，其显示的数据可以为学校和老师做个参考，以及时准确地评估学生的学习状况，发现学生潜在的学习问题，进而来预测学生未来的发展与表现，另外也能提高学生的学习行为和教师的教学效率，对症下药。

适应性教学是教学的最优化状态。适应性教学的内容、方法和过程都可以根据学生的状况来进行定制，让每个学生都有可能获得适合自己的最大限度的发展。适应性教学的实现，需要基于学生的个体特征和学习状况的全面分析。大数据为追踪和整合这些数据，并对学生进行个性化支持提供了可能。

基于大数据，可以精细刻画学生特点、洞察学生学习需求、引导学生学习过程、诊断学生学习结果。通过对学生学习背景和过程相关的各种数据测量、收集和分析，从海量学生相关的数据中归纳分析各自的学习风格和学习行为，进而提供个性化的学习支持。

（二）教育大数据支撑下"以学定教"教学模式的建构

1. 教育大数据支撑平台设计原则

教育大数据支撑平台的设计原则主要有以下几点：

（1）教学支撑平台。想要将"以学定教"这一教学模式进行下去，就需要功能强大的具有教育大数据的云平台支撑。利用这一平台可以让教师和学生之间，或者学生之间在课内外的任何时间地点进行学习上的互动交流这也是"以学定教"教学模式想要达到的预期目标。

（2）资源推送智能化。"以学定教"教学模式可以通过教育大数据为学生提供个性化的多媒体学习服务，且形式多样。大数据通过对学生的学前测评，得出学生存在的问题和个性化的差异，然后智能推送对学生的问题具有针对性的学习资料，从而帮助学生对薄弱知识点进行加强，增强学习效果。

（3）教学决策数据化。这一教学模式需要借助云平台来收集学生动态学习情况，并且针对收集到的数据进行技术分析，才能够将学生在这一平台上的整个学习过程和达到的效果以数据化的形式呈现出来。通过进行精准的数据化分析，能够便于教师随时根据学生学习情况进行教学调整，从而有效改善教师传统的只能依赖自身经验来估计教学情况的现象。

（4）教学反馈及时化。这一教学模式在教育大数据的支持下，具有完备的教学评价体系，它作用于教学过程中的整个学习诊断和评价，这其中就包括课前、课中和课后的检测和评价，对此进行诊断分析。

（5）底层数据碎片化。在"以学定教"的教学模式中，大数据必须以学科知识点作为底层数据，并且将知识点进行切片与相关题目进行关联。这样就能够帮助学生进行适合自身的课堂预习，并进行课中和课后的检测，也能够帮助教师进行教学起点的选择

2. 传统"以学定教"教学模式解析

（1）"回归学习本体"的"以学定教"教学模式。"以学定教"教学模式将以学生为中心作为教学宗旨，其中包含以下五个内容：一是帮助学生成长，满足其成长需求；二是为学生进行学习准备；三是将学生的个性化差异纳入教学考量；四是对学生的学习和发展潜能进行开发；五是帮助学生完成学业。

在"以学定教"的教学模式中，将"回归学习本体"作为核心思想，其中得到的启示就是要将学生作为依靠的教学观念，将对话作为教学范式的中心，贯彻以学生发展为本的教学原则，学生在这个过程中主动性和积极性被调动起来，将"以学定教"的教学模式从观念、环境和行为三方面实现最终目标。

（2）"教与学关系重构"的"以学定教"教学模式。"以学定教"的教学模式被认为是对教与学之间的价值关系的重新定位，其目的就是想要改变传统教学中以教师为中心的一言堂式的教学模式，并且"以学定教"这一教学模式还对教学过程中的实践起到了引导作用，将传统的教师预设教学，逐渐向学生生成性教学转型将学生在学习过程中的引起、展开、发展和评价相关环节作为重点

教育大数据支撑下的"以学定教"教学模式的本质是对教学关系的重构，在进行教与学关系重构的过程中要将学生对于知识的掌握情况进行分类，做到"先学后教、多学少教、会学不教"。首先，"先学后教"就是指在教师正式对教学内容进行教授之前，学生要先自己进行学习，当然教师要提前给学生制定好学习的目标，并在学生自学的过程中提供学习方法，这也称为学前指导。整个教学过程由教导活动、学习活动和两种活动相结合这三种机制共同构成。其次，"多学少教"，也就是说如果在课前自学的过程中大部分的学生能够自行掌握，或者对于大部分的知识学生们能够自行掌握，那么教师在正式讲解的过程中就只针对那些没有掌握的同学，或者学生们普遍没有掌握的那一小部分知识进行讲解，而将教学的重点放在梳理知识体系上最后，"会学不教"，就是指学生在自学的过程中

就能够将全部知识点消化吸收，那么教师就不需要对知识再进行讲解，而是将重心放在课堂设计上，作为学生学习的陪伴者研究学生的分组讨论课题，并及时纠正学生学习中存在的问题。

3. "以学定教"教学模式的要素分析

（1）教学目标。所谓的教学目标，既是所有教学活动的起点，也是所有教学活动的终点，它决定了教学活动开始前的实施方向和活动结束时想要达成效果的确定。它和教育目的和培养目标存在一定的联系，但又区别于两者。教学目标主要分成三个层次：课程目标、课堂教学目标和教育成才目标，当然这也是教学目标中的最终目标。

（2）自适应学习系统。所谓的自适应学习系统，其作用机理就是通过数据的收集和分析建立学生的数据学习模型，帮助学生对整个学习过程进行数据统计分析。这些数据来自学生在自主学习中通过学习系统产生的数据交流。通过自适应学习系统能够有效解决"无显著差异"这一传统教学问题。

（3）自适应学习技术。自适应学习是适应学生个体差异的学习，它会结合学生自身的个体差异，匹配与之相符合的学习环境、内容和策略。学生在自学的过程中就可以直接根据自身的学习情况来选择适合自己的学习活动。所以自适应学习的学习过程是学生自己进行思考和操作的学习过程。这其中涉及的具体内容和过程都能够掌握在学生自己的手里。通过自适应学习，可以充分调动学生学习的积极性，实现学生的个性化学习发展。

（4）学习资源。有三类资源是学生在进行自主学习过程中常用到的。

第一类：课件和知识视频。比如可以将下节课学习的知识点通过微课的形式让学生自行观看，时间不宜过长，3~5分钟即可。除此之外还可以录制其他的视频资料作为知识点的补充，也可以制作更加详细的课件采用图文并茂的形式将具体的知识内容展现给学生。

第二类：作业和测试题。通过与学习内容相关的作业和测试题能够帮助我们了解学生的学习情况，并通过系统收集学生的学习结果数据，通过对相应学习结果的分析，不仅能够掌握学生的学习过程，还便于在接下来推送适合学生的个性化学习资料。

第三类：与课程相关的参考知识。这些知识主要是指与课程相关的课外参考、拓展学习、学科前沿知识，学生在这些知识的学习过程中能够更快地将课程中的核心知识吸收。

（5）移动终端。通过大数据进行技术支持的"以学定教"的教学模式只需要非常普遍的平板电脑等移动多媒体设备，教学模式的试点学校能够实现每个学生一台平板电脑。这一教学模式还有以下几个优点：

第一，可以在一定程度上减少国家的投资。因为通过这种方式能够帮助学生学习，所以家长的参与度还是非常高的。还有一些家庭条件比较困难的，可以通过相关证明，向学校提出申请，由学校为学生提供学习设备。

第二，拥有云平台的支持。平板电脑等有助于学习的各类应用应运而生，而且种类多样涉及范围也非常广泛，不同年龄段的学生都可以通过这样的平台进行学习。

第三，方便学生随时学习。平板电脑作为学生学习的工具，能够有效帮助学生随时随地进行学习，并且通过网络去查找自己在学习中需要解决的问题。

第四，移动阅读功能。学生可以通过平板电脑进行新闻和电子书等的阅读，也可以查看视频、课件等教师准备的学习资料。学生可以将自己碎片化的时间利用起来，有效地提高阅读效率。

第五，拍照录音功能。这也是平板电脑的一大特色之一，学生可以在上课的过程中将教师讲授的内容拍照录音，方便课下复习。

4. "以学定教"教学模式的教学过程解读

(1) 课前、课中、课后教学循环系统。

①课前教师筹备、学生课前活动、"以学定教"中寻求教学起点的计策。

教师于课前的筹备。第一，设计导学案。因为课堂教学的重心是学生，这是教育在大数据支持下的教学形式，是以学定教，因而学生是课前预习的重心，在教案上需要教师设计出学习方式、内容以及问题分析，从而让前测题目覆盖本节课的所有知识点。第二，微课的准备。微课是一种运用信息技术方式，按照学习认知规律，为学生碎片化呈现学习内容、过程及扩展素材的结构化数字资源。微课是在传统单一资源类型的教学课例、教学课件、教学设计、教学反思等教学资源基础上发展而来的，但却又和它们都不相同。作为一种新型的教学资源，微课一般都是较为简短，一般以3~5分钟为宜，教学内容都突出某个知识点或者操作技能。第三，预习习题设计与推送。教师在课前还要准备一项非常重要的教学资料就是预习习题设计，教师的预习习题设计要覆盖所有的知识点，检测题目可以有客观题也可以有主观题，也可以有开放性的思考题。所有的题目要做到生动有趣，符合学生年龄和认知特点，最好能够和现实生活有关联，这些题目的设计要和前面讲的颗粒化、结构化的知识点结合，有助于系统分析判断后让教师寻找教学起点。教师要把设计好的习题通过云平台，推送给每位同学，供所有同学自主预习。

课前学生活动。教育大数据支撑下"以学定教"教学模式中，学生在课前的主要任务是接受教师的课前导学案和自主预习习题，学生课前要登录云平台，预习导学案，并根据导学案完成教师推送的自主预习习题，并通过云平台上的在线交流和同学之间、师生之间进行交流，通过交流进一步预习本节课知识，为课堂教学做好基础。

教学活动的"以学定教"寻找教学起点策略。教育大数据是发展智慧教育的重要基础，数据挖掘和分析研究是其重要的技术。通过大数据技术对教学行为进行分析预测，能够真正做到"以学定教"。教育大数据支撑下"以学定教"教学模式中的"以学定教"的功夫，主要体现在教师要在课前登录云平台，通过系统依据学生对导学案的预习以及课前预习习题的情况寻找本节课的教学起点。主要方法有三点：①寻找基本概念、基本语句、基本知识点中部分同学易混淆、粗心、错误判断的一类知识，此种情况，教师要分类为学生提醒和讲解，避免类似错误；②分析清楚100%正确的习题与知识点，这部分知识点说明学生已经通过预习完全掌握，处理方式为略讲并着重在课堂小结中为学生形成知识体系时提及；③大部分学生不会的问题，这是教师在课堂上要重点讲解的知识，要从概念、推演、练习等详细为学生讲解。

②课中教师创设情境、学生移动学习、系统实现"二次推送"。

教育大数据支撑下"以学定教"教学模式的教学活动的课中是教学的主阵地，传统的教学模式中教师按照讲解练习的模式，主要是依据教材进行上课，而教育大数据支撑下"以学定教"教学模式的教学活动因为有了大数据分析支撑，所以主要执行的是"以学定教"的教学流程，在这个流程中，教师的主要工作有创设情境、移动教学、二次推送、随堂检测、课堂评价、课堂小结，学生的学习活动主要有移动学习、再次检测、互动交流，巩固提高等环节。

移动教学。移动教学是本教学模式的特点，教师和学生借助平板电脑，在云平台的基础上，实现随时随地对学生的问题进行解答，教师的移动教学这一环节中最重要的是把"以学定教"中学生不清楚、不明白、不理解的问题在创设的教学情境中让学生主动建构和理解学生可以借助移动终端提出问题，提出的问题，通过大屏幕展示后，师生一起讨论解决。

创设情境。教师根据对学生自主预习的数据分析出来的问题，作为教学起点和创设情境的依据。一般情况下，教师创设的情境要基于生活、形象生动、体现学科特点、内含问题并融入情感。

二次推送。二次推送新任务是根据大数据分析后由系统根据老师的安排自动生成发出，其中既包含教师要求所有人必须都要完成的题目，也有系统根据学生课前预习情况单独推送给学生的题目。

互动交流。互动交流是教育大数据支撑下"以学定教"教学模式的重要的环节，互动交流包含师生交流和生生交流；交流的方式主要有线上交流和面对面交流；交流的问题主要是针对课堂上一些重要知识点或者容易引发讨论的理论点。互动交流是特别考验教师教学基本功的环节，既要求教师有扎实的专业功底，又要求教师具有较强的课堂掌控力。

课堂检测。课堂随测是教育大数据支撑下"以学定教"教学模式中重要的组成部分。在教学的过程中，教师可以通过系统随时发出测试试题，对学生的学习情况进行检测。

③课后习题推送、教师精心辅导、学生总结提升。

系统习题推送、教师精心辅导。传统课堂教师也会布置作业，但是那是统一的凭借教师经验完成的作业布置，并不能满足全部学生的学习需求，对于有的学生来说作业题目偏多偏难，可对于学习优秀的学生来说，很有可能题目过于简单，而出现重复做题—教育大数据支撑下"以学定教"教学模式中的课后习题推送，是由系统通过大数据分析实现的自动推送，每位同学的作业是不一样的，当然，教师也可以对系统进行设定，统一推送其中的部分共同的项目。在学生自主练习和总结过程中，教师要根据系统大数据显示的每个学生的学习情况进行针对性的指导。

学生自主练习总结提升〃学生自主练习总结提升指学生在云平台上，完成教师与系统共同推送的练习题目，并在题目的练习过程中实现查漏补缺。学生完成作业后，必须要提交给教师，教师在移动终端接收到学生的答题情况和系统的分析后，可以有意识地对学生个别化指导，学生也可以主动请教教师一些自己不会的问题。能够实现对教学整体效果的有效提升。

（2）线上自适应评价和线下检测性评价相结合。

①线上自适应评价过程。线上自适应评价是根据云平台上的大数据计算与对比，通过记录的教师在平台上的工作量、推送的导学案、推送的习题与学生互动交流情况等实现对全体教师的线上总结与评价，通过系统对学生在平台上自主预习、课堂二次推送习题、课堂检测习题、课后练习题等的完成情况，错误率等计算数据，对每个学生进行过程性评价，并通过大数据的积累逐步形成学生学科学习画像，为学生职业生涯规划做出数据

支撑。

②线下检测性评价过程。线下检测性评价主要是通过试题检测的形式来对教师的教学情况进行检测，学生也要通过随堂检测、单元检测、期末检测等不断地进行结果性评价，并通过评价的结果重新指导教学过程的改进，完善教学平台的支撑作用，必要时可以对教学目标进行适当的修正。

第二章 大学英语课程建设

第一节 大学英语课程管理与课程体系建设

一、大学英语课程管理

(一) 课程管理的内涵

目前，我国对"课程管理"这一术语有着不同的定义。下面列举了五种：

(1) 课程管理是系统地处理编制技法和人、物条件的相互关系，以教育目标为准绳加以组织的一连串活动的总称，其管理的核心是课程编制。

(2) 课程管理是对课程编订、实施、评价的组织、领导、监督和检查。

(3) 课程管理是在一定的条件下，有领导、有组织地协调人、物与课程的关系，指挥课程建设与课程实施，使之达到预定目标的过程。

(4) 课程管理主要指学校对教学工作实施管理，是学校管理者遵循教学规律，行使管理职能，对教学活动各因素进行合理组合，使教学活动有序高效地进行，从而完成教学计划和教学大纲规定的教育、教学任务。

(5) 课程管理是部署和组织一定学校的课程设计，指导和检查一定学校课程的设施，领导和组织学校的课程评价。

这五种定义对课程的外延有着不同的理解：一种是把课程看成是教学的下位概念，认为教学管理包含了课程管理；另一种认为课程与教学存在一定联系，课程是教学的上位概念，其含义大于教学。在此基础上，本节从微观、中观和宏观三个不同层次分析和讨论了课程管理，并对其做出了以下定义：课程管理就是在一定社会条件下，课程管理者按照一定的管理原则，采用一定的管理方法，对某一课程体系的人、财、物、课程信息等因素进行决策、计划、指挥、组织、协调和控制，从而有效实现预期目标的活动。

该定义适用于所有课程，对高校的课程管理具有较强的指导意义。根据此定义，可对"大学英语课程管理"下一个定义：大学英语课程管理是在一定的社会条件下，学校的课程管理人员基于一定的管理原则和运用一定的管理手段，对大学英语课程系统的人、财、物、课程信息等因素进行决策、计划、组织、指挥、协调控制，以培养学生的英语应用能力（尤其是听说能力）和自主学习能力，提高其综合文化素养，从而更好地满足中国经济发展与国际交流的需要。

从上述定义可以看出，大学英语课程管理活动涉及四个基本要素，即管理主体、管理客体、管理手段和方法、管理目标。这四个要素彼此相互影响、相互制约。大学英语课程管理的主体由学校主管教学的副校长、教务处、外语学院、大学外语教学部、教研室和教师等六个层次组成，他们共同完成高校大学英语人才培养计划的制订，到具体实施这些具体工作的各个方面。大学英语课程管理的客体范围较广，既包括教师和学生这样的"人"，也包括图书馆、实验室、自主学习中心这样的"物"，还包括教学经费的预算和实际支出、相关信息资源等。大学英语课程管理的手段和方法是衔接管理主体和客体的纽带，是管理主体对管理客体实施决策、计划、组织、协调、控制等管理职能。管理手段和方法是一个可变项，对成功的课程管理和高质量的人才培养有较大的影响。大学英语课程管理目标是大学英语课程系列活动要实现的目标，是高校办学的核心指导思想。

(二) 大学英语课程管理的意义

1. 强化责任意识

参与大学英语的管理人员，上至学校主管教学的副校长，下至实施具体教学计划的普通教师，如果管理工作到位，分工细致，责任明确，每个环节的工作进展情况都会一目了然，哪里出了问题，或者完成得没有计划的那样好，不用细究，都会知道是谁的责任。例如，教材征订、期末考核试卷命制、学生成绩的评判、补考时间和地点的安排、监考人员的安排、调停课的管理、课堂组织等工作分工明确，如果出了差错，自然有人承担责任。因此，如果加强了课程建设和管理工作，明确了责任和义务，教学管理过程中的每个人不仅会尽心尽力履行自己的职责，还会精诚协作，一块搞好管理工作。

2. 提高模块化工作的效率

大学英语课程管理工作的周期较长，可分为显性管理时段（一、二年级修读大学英语的学生，《大学英语》为他们的必修课）和隐性管理时段（三、四年级没有大学英语必修课程的学生，选修大学英语公选课程，参与第二课堂活动）。为了提高管理效益，可将工作划分成若干模块，即贯穿整个管理

工作的大小事务可以分成若干模块（如教学计划的制订、教学计划的实施、第二课堂活动的设计、网站的建设、师资队伍建设、学生反馈意见的收集、与其他学院教务人员的联系等）。进行模块化管理是大学英语课程管理工作的一大特点，由于很多模块化工作具有阶段性特征，每个模块就犹如链条中一段，只要它们运转正常，整个链条就不会分崩离析，就实现了大学英语课程管理的整体化管理效益。所以，加强课程管理能保证模块化工作的顺利开展，进而深化大学英语教学改革，提高学生英语技能。

3. 开发课程资源

模块化的大学英语课程管理通过不断改进和完善管理过程，逐渐把课程建设向纵深推进。各模块负责人应集思广益，加强自己分管模块的建设工作，以更好地服务于学生。例如，在管理过程中，课程开发模块通过问卷和访谈等形式征集学生意见，不断推出大学英语公共选修课程，以满足个性化选课需求，真正确保把成才选择权交还给学生；第二课堂模块会以趣味性、参与性等为活动宗旨，不断丰富活动内容和形式，确保第一课堂和第二课堂之间的联动；大学英语网站建设模块会紧跟时代步伐，基于学生学习需求更新网站内容，以促进学生的自主学习；其他模块也会不断采取措施，深挖自己模块的资源，以更好

地服务于学生。

4. 优化第一课堂内容

随着大学英语教学改革的不断推进,各校正逐渐摒弃过去那种计划性课程安排(即老师的教学班由大学英语部统一安排,学生没有选择教师的权利),这种课程安排模式忽视了学生对课堂教学质量的反馈,不利于激发教师的教学积极性,会影响全校的大学英语教学质量。教师把成才选择权交还给学生这一教改措施实施后,学生具有挑选教师的权利,那些拘于传统教学方法、课堂缺乏互动、信息素养有待提高的教师,就很少有甚至不会再有学生选修他们的课程。这一改革迫使教师不断更新教学内容,丰富课堂活动,注重教学质量。对于学生还没有选课权的学校来说,强化大学英语课程管理同样能优化课程内容,因为诸多的教学管理过程能显示出某位教师的教学质量。

例如,中期检查时,通过领导和同行的听课可以了解教师的教学积极性和投入度、教学模式、学生的课堂参与情况等,通过学生座谈可以获取学生对该教师教学的整体接受度,通过学生平时成绩记分册可以洞察教师是否始终如一地坚持认真教学。期末考试后,通过纵向(与这个班上学期的成绩比照)和横向比较(与本学期其他教学班比照),可以了解学生的英语水平发展状况。因此,一旦把课程作为一个评价单元,教师所要承担的责任就比较明晰,教学效果不理想,教师就难逃其责。

5. 有利于学生了解大学英语课程建设轨迹

加强大学英语课程管理的终极目标是提高教学质量,最大受益者是学生。在开展各项活动之前,要先思考学生能否从这项活动中受益及受益有多大。同时,也应看到大学英语课程管理是多层次、多维度的。虽然开展的有些活动和采取的管理措施是以学生为间接受益者,但是他们可以从中关注本校大学英语课程管理和建设的轨迹。

比如,为了使教师课程的建设成绩展现出来,各校会积极申报各级精品课程和视频公开课、各级教学成果奖、各级优秀教学团队、各级优秀教材建设、各级优秀教学课件等,这些活动的申报书会涉及课程管理和建设所采取的措施、取得的成绩、优势或强项、下一步的建设目标等。学生掌握这些信息后,不但了解了本校大学英语课程管理和建设的过去,还清楚了学校下一步的教改方向,最重要的是能以此为蓝本,对自己的大学英语学习进行规划和定位。

(三)大学英语课程管理的改进策略

1. 合理设置管理机构,多元共管共治

在大学英语的课程管理中,要对职责所在的层面进行明确,才能使相关课程得到更好的发展。高校要向有着管理经验的学校学习,设置管理机构,并给予机构相应的权力,管理过程要保持公开性和灵活性,并保证信息的时效性,相关管理部门在接收到反馈信息后,要及时进行回应。同时,大学英语课程要交给相关的机构进行组织和安排,这样不但可以提升课程管理的效率,也会提升教学的效率,还能提高学生的学习积极性,对学校管理部门的简化和优化起到了一定的作用。

2. 合理配置人力资源,有效转变功能定位

学习理论知识最终还是要为实际的应用来服务,语言也是一样。大学英语课程要注重锻炼学生对英语的实际应用能力。教师只有了解了学生的兴趣点和需求,才能以此为依据

配备合适的教师，并制定合理的教学目标，这对于改革和发展大学英语课程有着重要的推动作用。

3. 建立健全相关人才引进体系，改进相关教师的考核制度

高校要建立完善的人才引进机制，对于人才引进问题，不一定只由人事部门负责，其他相关的部门也可以参与进来，贡献自己的力量，根据英语课程的发展需求来引进具有教学能力和管理能力的优秀教师，促进英语课程的良性发展。在对人才进行考核时，不能只以量化的指标作为评判依据，而是要综合考虑，从多个角度进行评判。同时，还要适当给教师减压，促进教学效果的提高。高校要明确自己的职责，对于教师所提的建议要加以重视，对于一些较好的章程和制度也要大力推行，从而促进大学英语课程更好地发展。

二、大学英语课程体系建设

（一）课程体系构建理论基础

1. 社会发展是"研究型"课程体系构建的社会基础

大学英语教学重心从基础英语到学术英语和"研究型"课程体系的转移，是我国时代和社会发展的需要。首先，这一体系可以激发大学生学习课程的热情和动力，避免目前大学英语和高中英语教学内容重复的现象。随着时代和媒体的发展，新一代大学新生的英语水平和改革开放初期大学新生的英语水平相比已有了很大的提高，如果继续在大学英语教学中教授基础英语，必然会造成学生学习懈怠。对照《高中英语课程标准》（2019）和《大学英语课程教学指南》（2020），不难发现两者在培养目标、课程设置和教学要求诸方面都基本接近甚至雷同。新一代大学新生在高中阶段实际上已基本完成基础英语的学习，大学英语教学应该转为以学术英语和研究性学习内容为重心，为学生在大学高年级用英语进行专业学习做好语言、内容，以及学习、学术技能上的准备。

其次，可以为培养市场需求的高科技人才走好扎实的第一步。目前，大部分重点工科院校仍在花两年时间给学生开设以人文科学为教学内容的基础英语课，分析文章结构，讲解语法词汇，训练听、说、读、写、译等日常交际技能。这样的教学模式对学生今后在各自专业领域中的发展不能说完全没有帮助，但帮助实在太小了。

最后，把大学英语从基础英语转为学术英语和"研究型"课程英语也将为学生在大学高年级接受双语或全英语授课做好准备。目前，很多用英语教授专业课的教师感慨，学生在听英语专业讲课、记笔记、小组陈述观点、阅读原版教材和专业文献、写期末论文等方面有一些前期的锻炼，是完全有必要的。

2. 新一轮的大学英语改革是"研究型"课程体系构建的有力推手

随着多媒体和网络技术在外语教学中的应用，我国当前的大学英语教学在形式上与传统的形式相比已有了很大的改观：学生视、听、说的机会增加了，从以往单一的教师传授发展成学生多模态并用的小组活动、双人活动等，这些是传统教学无法实现的。但是，在体验了一段时间的多媒体教学后，学生学习的积极性就会再次降低。原因在于多媒体教学的教学方法归根结底是交际法主导的任务型教学方法，主要还是对学生的语言技能进行训练，这和传统的教学方法是如出一辙的。学生在这样长期的语言技能训练下，逐渐降低了对英语的学习热情，所以英语教学不能只是语言技能的训练。

英语教学既不可以是英语语言知识的教学,也不可以是英语语言技能的教学。英语教学应该而且只能是某种教学内容的教学。我国英语教学改革的根本出路是从语言技能教学向内容教学转变。而语言的内容就是思维,语言是思维的载体。外语学习的结果不仅是交际能力的提高,也是思维方式的拓展、价值观的重组和人格结构的重塑。而只有思考才能发挥学习者的主动性,才能实现大学英语新改革的目标(教育部高教司《大学英语课程教学要求》):以学生为中心,从通用语言知识和技能出发,更加注重培养语言技能和自主学习能力的教学模式转变。

(二) 大学英语课程体系建设的必要性

大学英语课作为非英语专业学生的一门必修基础课,主要开设在大学一、二年级阶段,尽管一些院校在大三、大四阶段开设了接续课程,但不够系统,也不够细致,致使大学英语教学在大三、大四阶段的延续没有达到预期的效果。因此,大学英语课程应连续四年不断线。事实上,大学英语课程体系建设是大学英语教学改革的重要组成部分,只有设计合理、实际操作性强的大学英语课程体系才能够满足目前大学英语学习的目的和要求。大学英语教学不应仅仅局限于大学一、二年级学生,更不应该只开设听、说、读、写、译等技能培养课程,应将技能培养与知识传授融为一体,只有这样,才能真正实现《大学英语课程教学要求》提出的培养学生英语综合应用能力,特别是听说能力,使他们在今后的工作和社会交往中能用英语有效地进行口头和书面的信息交流,同时增强其自主学习能力、提高综合文化素养,以适应我国经济发展和国际交流的需要这一目标。

(三) 大学英语课程体系建设的探索

大学英语课程体系建设是辅助学生成功完成大学语言学习的关键,是大学英语教学中一个不可忽视的方面。大学英语课程体系建设与改革是一个长期的、复杂的过程,是通过教师不断地总结经验和改进而获得的。它需要教师对学生的引导和信任,更需要学生拥有极大的学习兴趣和克服困难、刻苦钻研的精神,以及一个良好的英语学习环境。作为大学英语教学工作者,我们不但要了解大学英语课程体系的相关理论,而且要在教学中注重培养和发展学生语言学习的自主性,这样才能有效解决现有大学英语教学模式下出现的问题。

1. 确立针对性更强的大学英语教学目标

在教学实践过程中,应努力探索教学目标与课程设置和课程建设的有机契合。"高级英语口语""翻译与英语写作""跨文化交际""中国地方文化英语导读""影视英语""英语报刊选读"等课程是跨文化交际类课程模块的核心课程。

(1) "英语高级口语"课程教学目标。该课程目标主要是使学生基本达到《大学英语课程教学要求》之"更高要求"所规定的英语口语能力,即用所掌握的基本语言知识,条理清晰、逻辑严谨地表达观点与思想。能就一般或专业性话题较为准确、流利地与英语国家人士对话或讨论,并能将对话或讨论有效地进行下去;能就个人目的或社会交际目的灵活、有效地使用英语表达自己的意念,如感情、意愿等;能用简要的语言概括较长、语言稍难的文章或讲话,并能对某一题目给出较长的解释或说明;能在学术会议或专业交流中较为自如地表达自己的观点和看法,重点突出、内容完整、语言流畅。

(2) "写作与翻译"课程教学目标。旨在通过向学生介绍中西思维差异、英汉互译

（特别是汉译英）技巧，以及英语写作方面的规范指导，使其克服母语的负迁移，在中英互译上努力达到"信"和"达"的标准；在英语写作方面能够发现新视角，用规范的文体、通顺、流畅、准确的语言介绍情况，表达自己的情感和观点，为今后的继续学习或工作打好英语文字功底。

（3）"跨文化交际"课程教学目标。根据教育部《大学英语课程教学要求》精神，传授英语语言国家的文化，展示其独特的社会风貌，揭示中西方文化在语言交际、非语言交际、生活方式、行为方式、思维方式、价值观念、文化取向、社会规范、伦理道德等方面存在的同一性，对比其差异性，使学生在对异域文化的了解中加深对其语言现象及其文化蕴涵的理解和领悟，提高跨文化交际敏感性，培养跨文化交际能力，能用英语与不同文化背景的人们进行得体、有效的交际，做合格的地球村民。

（4）"中国地方文化英语导读"课程教学目标。旨在完善学生对中华民族文化和地方文化的英语认知建构，促进人文素养，提高英语综合应用能力和跨文化交际能力，提升毕业生在区域社会发展中的竞争力和社会适应能力。

（5）"影视英语"课程教学目标。旨在以英语影片为媒介，文化学习与语言学习同步进行，帮助学生在了解西方文化的同时提高听说读写的综合技能和人文素养，成为具有国际视野和跨文化交际能力的新时代大学生。

（6）"英语报刊选读"课程教学目标。旨在提高学生的英语阅读能力和应用能力，开拓学生的知识视野，培养学生的思辨能力和获取信息及分析资料的能力，激发学生课外自主学习的兴趣。

2. 建设校本特色的大学英语课程体系

应依据学校本科人才培养新方案，在公共基础课程和通识教育课程两个平台上，优化大学英语类课程设置。第一，继续建设好传统的通用英语课程模块；第二，重点建设好跨文化交际类课程模块，包括"跨文化交际""中国地方文化英语导读""英语报刊选读""影视英语""翻译与英语写作""英语高级口语"等课程；第三，探索创设个性化专门用途英语类课程模块，制定个性化大学英语课程方案。

3. 优化以学生为本的教学模式

遵循外语教学科学规律，践行反思实践型、教研结合型英语教学。提高教学内容的真实性、教学评估的合理性，实践英语教学输入与输出多模态化、语言形式教学与意义交流并重化、课堂内外语言实践与应用融合化，营造互动性、直观性、体验性的教学氛围，以教学模式的改革提高英语教学的有效性。有效提高英语应用能力、多维思辨能力、东西方文化传播能力、跨文化交际能力，为今后的职业发展和国际交流夯实英语应用基础，满足学生英语学习的个性化需求及部分专业的人才培养个性化需求。

4. 建设多模态英语教学环境

应优化和共享多模态教学资源，有效促进模块化课程体系建设质量的提高。营造信息充盈、情感充盈、情景充实、介质多元的多模态教学环境，以文字、图片、音频、视频等多介质的语料丰富传统纸质教材的单一介质，创建、整合、优化具有实用性、交互性、模块化的教学资源，最大限度地满足学生个性化学习需求，从时间和空间上便捷学生在多模态英语学习语境中实现信息和思想的交流。

5. 以教师专业化发展推动模块化课程创新与建设

大学英语模块化课程体系的创新应紧紧依靠教师的专业化发展，强化实践反思，采取各种激励措施，激发反思意识、催化反思行为、提高反思能力，以教师专业发展创新课程设计和课程教学。首先，在宏观层面上，应通过专题报告、专家讲座和定期研讨等形式，组织教师贯彻教育部大学英语课程教学改革和精品课程/精品资源共享课建设精神，学习国内外二语习得等与大学英语教学相关的理论和研究成果，客观分析地方性高校大学英语课程教学的状况，积极反思传统大学英语课程教学实践的得失，努力探索大学英语课程教学可持续发展之路径。其次，在微观层面上，一方面应通过听课交流、评价反馈、学术培训、在职进修等措施，精神鼓励和定量要求相结合，引导教师就教学理念、教学态度、教学内容、教学过程、教学评价、教学效果等方面进行自觉能动地反思、总结得失、规划发展；另一方面，应鼓励教师研究教学实践，努力从事与自己教学实践相关的研究，包括教学内容和教学方式的研究，在难点攻关、资源拓展、团队建设、课题研究等方面，将遇到的实际教学问题转变为可能的学术研究问题或课题项目，以期用学术理论和研究成果去指导教学实践。

第二节 大学英语课程资源建设

一、大学英语课程资源建设综述

(一) 课程资源的内涵及其分类

1. 课程资源的内涵

课程资源是相对于课程的一个概念。课程是按照一定的教育目的，在教育者有计划、有组织的指导下，受教育者与教育情境相互作用而获得有益于身心发展的全部内容。提到课程资源，人们会联想到学习资源、教学资源和教育资源。学习资源是指在教学系统和学习系统中，学习者在学习过程中可以利用的一切显现的或潜隐的条件。

例如，教科书、语言实验室等学习资源是显现条件，而戏剧院、博物馆等非专门设计的学习资源或可利用的学习资源就是隐性学习资源。教学资源指那些为了有效开展教学而提供的各种可资利用的条件，既包括教材、案例、影视、图片、课件等，也包括教师资源、教具、基础设施等。教育资源是人类社会资源之一，它包括自有教育活动和教育历史以来，在长期的文明进化和教育实践中所创造和积累的教育经验、教育知识、教育技能、教育资产、教育费用、教育品牌、教育制度、教育理念、教育人格、教育设施以及教育领域内外人际关系的总和。

课程资源又是指什么呢？课程资源的概念有广义和狭义之分。广义的课程资源指有利于实现课程目标的各种因素，狭义的课程资源仅指形成课程的直接因素来源。徐继存等认为，课程资源是课程设计、实施和评价等整个课程编制过程中可资利用的一切人力、物力以及自然资源的总和，包括教材以及学校、家庭和社会中所有有助于提高学生素质的各种资源。

据此可以把大学英语课程资源定义为大学英语这门课程设计、实施、检查、评价等整个课程编制过程中可资利用的、富有教育价值的人力、物力和自然资源的总和，包括教材以及学校、家庭和社会中所有有助于提高学生素质的各种资源。其中，人力资源包括教师、学生、学生家长、社会人士等，也包括以英语为母语的国际留学生、外籍教师、外籍游客和在华外籍工作人员；物力资源包括教学过程中使用的教材、投影仪、教室、图书馆的藏书、学生开展自主学习的自主学习中心等；自然资源包括主要为特殊用途英语实践用的名胜古迹、自然风光等。

2. 课程资源分类

课程资源的分类如表 2-1 所示。

表 2-1　课程资源的分类表

分类标准	类型
空间	校内资源
	校外资源
	网络信息化资源
存在形式	显性资源
	隐性资源

由表 2-1 可知，课程资源有不同的分类标准，具体如下：

按照空间标准分类的校内课程资源指学校内部的课程资源，如图书馆、自主学习中心这样的场所和设施资源，教师、学生、校园文明建设这样的人文资源，第二课堂活动、座谈讨论这些与教学活动密切相关的活动资源。校外课程资源主要指学生家庭、社区乃至整个社会中能够用于教育教学活动的设施和条件以及丰富的自然资源。校内课程资源是课程资源开发和利用的基础，是校外课程资源开发和利用的先决条件。校内和校外这种课程资源二分法随着互联网的出现遇到了问题，那些海量的网络信息既不能归为校内课程资源，也无法划归到校外课程资源，它跨两大类，只好将它单列于此。

按照存在形式划分的显性课程资源指那些看得见、摸得着的课程资源，如大学英语教学光盘、图书馆、语音实验室；隐性课程资源则是指以潜在的方式服务于教育教学活动的课程教学资源，如奋发向上的和谐学习氛围、校风校纪等。显性课程资源容易开发和利用，对教育教学活动的影响很直接，而隐性课程资源的开发和利用需要一定的周期和付出较大的时间、精力，对教育教学活动的影响也较为间接。

按照物理特性和呈现方式划分的文字课程资源主要指教材这样的显性课程资源；实物课程资源有多种表现形式，与大学英语课程建设关系非常密切的有教学光盘、图书馆、阅览室、语音实验室、同声传译室等；大学英语文化活动课程资源主要指为强化学生英语语言应用能力而开展的第二课堂活动，如朗诵大赛、演讲大赛、辩论赛等；数字化课程资源具有信息容量大、多媒体、网络化等特点。这些课程资源的利用能超越时间、空间、地点，而且快速、便捷，是学生开展学习的主要渠道，发挥着越来越重要的教育功能。

按照性质划分的自然课程资源主要以自然界为中心，具有"天然性"的特点，而

"人工性"是社会课程资源的最大特点。

按照属性划分,课程资源首先分为物质的课程资源和非物质的课程资源两大类。物质的课程资源包括人力课程资源和物力课程资源,非物质的课程资源分为知识课程资源和思想课程资源。人力课程资源和物力课程资源在前面已经加以讨论,这里不再述。思想课程资源指一切可能参与教育教学活动中,影响课程活动的各类人员所具有的全部思想;知识课程资源指在设计课程时可供选择的知识总和。

按照功能划分的素材性资源包括知识、技能、经验、活动方式与方法、情感态度和价值观以及培养目标等方面的因素,而条件性资源则包括直接决定课程实施范围和水平的人力、物力和财力,时间、场地、媒介、设施和环境以及对课程的认识状况等因素。

从上面的论述可以看出,课程资源类型的划分反映了一种多维思考,丰富了人们对课程资源的认识,有利于强化课程资源意识,多渠道、多模式、多维度地创设大学英语学习机会。

(二) 大学英语课程资源建设的意义

1. 有利于促进教师教育观念的更新

广义的课程资源概念带来了全新的课程理念,教材不再是整个教学活动的中心,教师对学生的评价也不再以学生是否掌握了书本内容为准,而是基于整个教学活动的课程目标完成情况。全新的教学模式和评价标准不管对教师还是学生都是一种挑战。对教师而言,整个教学设计过程和实施都围绕教学活动是否有助于课程目标的完成,除了关注是否完成了教材上的教学内容外,更要思考如何高效地开发大学英语课程资源,培养学生的自主学习能力,引导学生完成课程目标。对学生而言,他们需要考虑的是在整个学习过程中学会了什么,而不单单是考虑是否已掌握书本上的知识等。

2. 有利于教师专业成长

接受新课程资源观熏陶的大学英语教师,不会再日复一日地重复使用相同的教材、教案和教学课件。他们会紧跟时代发展的要求,更新自己的知识结构,不断加强对教学内容、教学活动设计、课堂组织模式、课堂评价方式等的反思,以改进自己的教学。同时,大学英语课程教学资源的不断丰富,使学生的自主学习成为可能,兴趣和爱好驱动着他们对教材进行深度理解的同时,也在不断拓展自己的知识面,将课堂上所学到的知识应用于实践之中,使自己的英语语言应用能力得到迅速提高。同时,学生大学英语学习的成功迫使教师加大投入去深挖教材,研究语言学习规律,强化语言教学策略,以提升自己的综合素质,更好地服务于教学。

3. 有利于提高学生的综合素质

传统的大学英语教材旨在帮助学生加强英语基本功建设,不管是文章的体裁、选材的主题、选材的长度还是课文的难度,都是面向大众化学生,不会关注学校与学校间学生的英语水平差异、同一学校间学生的专业差异、学生个体的学习需求等因素。丰富的、个性化的课程资源的开发和利用不但是对原有教材内容的补充,也构成了第二课堂,与第一课堂开展联动,形成了较好的学习氛围,拓宽了学生视野,激发了学生的学习兴趣,最终促进学生思想、品德、行为、知识、能力和人格等的全面发展。

4. 有利于大学英语课程开发

大学英语课程资源种类繁多，形式多样，开发和利用过程中必须进行有序化管理。系统的大学英语课程资源建设工作量大，不是一两天能完成的，短则几个星期，长则一两年。由于该项工作能推进大学英语教师的专业化发展，教师们的付出不但能提高教学质量，随着时间的推移，还会使教师产生浓厚的兴趣，从而不断深化这项工作，最终积累的资料越来越多，这些课程资源经过整理、加工、补充和完善，就形成了一门新的公共选修课程的雏形。

5. 有利于培养学生自主学习能力

大学英语课程资源的开发与利用，主要以课程目标的达成为根本出发点，以学生身心的完整和谐发展为终极目的。传统的教学将学生局限在课堂这一特定的场所，课程资源以教材为主，没有充分唤起学生的学习积极性、主动性和创造性。在新课程资源观下的大学英语学习模式中，学生学习的时空范围得以扩展，可随意选择丰富多彩、形声具备、图文并茂的课程资源。学生成了学习的主体，他们自己决定英语学习的内容、时间、场所、进度、节奏以及学习质量的监控，从根本上改变了以往师生单向的知识传递方式，把"要我学好英语"转变成了"我要学好英语"，形成了多方位的、多元化的自主学习渠道。

6. 有利于形成性评估的实施

检查课程建设是否达到预期目标需要依靠评估。因此，对课程进行全面、客观、科学和准确的评估对实现课程目标至关重要。它既是教师获取教学反馈信息、改进教学管理、保证教学质量的重要依据，又是学生调整学习策略、改进学习方法、提高学习效率的有效手段。《大学英语课程教学要求》明确提出要求，要加重形成性评估在大学英语课程评价中的分量。新的大学英语课程资源观不但改变了学生的学习模式，还更新了大学英语教师和相关管理部门的教育观念，通过课堂活动和课外活动记录、网上自学记录、学习档案记录、访谈和座谈等形式，对学生学习过程进行观察、评估和监督，为实施形成性评估打下了坚实的基础。

二、大学英语课程资源建设要点

（一）大学英语精品资源共享课程建设要点

1. 提供便捷通道，让精品课程真正成为资源共享课程

大学英语的精品课程应该真切地放到大众眼前，以供大家学习、认识及接受，应让公共资源具有的共享作用真切得到发挥。

一是利用网络设立大学英语共享精品资源课程监督平台，以供越来越多的一线教师利用网络平台严格对其进行监督；二是严格对那些以此谋利的违法社会成员及大中院校进行追查处理；三是严格对大学英语共享精品资源课程进行规范，撤除密码设置等阻扰条件等。只有经由以上详细措施，才能方便大学英语共享精品资源课程进行下载及查询，真切地辅助教师在英语教学方面做得更好。

2. 依据最新大学英语教材，创新精品资源课程内容

要针对大学英语现存的教材内容，及时建设与创新原本的大学英语共享精品资源课程。详细措施如下：一是利用科学合理的创新方式建立新型大学英语共享精品资源课程；

二是发展与继承原有的精品资源课程，舍弃那些不合时宜的内容，而保留那些当下还可以借鉴的课程精华；三是对大学英语现下的教材内容进行深入研究，并对以后大学英语的教材变化内容进行预测，打好共享精品资源课程的开发基础等。

3. 创新大学英语精品课程的教学手段和教学方式

新时期建立大学英语精品资源共享课程必须借助于现代科技，创新教学手段和教学方式。在教学手段上，要更多采用现代网络信息技术，如借助于"云端"网络平台技术等进行课程开发资源的搜集与教学内容的创新等，制作最新的教学课件。在教学方式上，要借助于现代多媒体教学方式，改变传统的教师课堂讲授为主的方式，通过丰富的多媒体资源引导学生进行更多的体验式、合作式学习活动。如果学校硬件设施条件允许，完全可以采用欧美等国家"翻转课堂"的方式，对现有大学英语课程教学进行全方位的变革。总之，要想开发出适合学生和教师需要的大学英语精品资源共享课程，必须要重视现代教学手段和教学方式的使用。

4. 引进培养精品课程开发人才，建立强大的课程开发团队

现存大学英语的精品课程应对缺乏人力资源这个关键问题着重进行解决。缺少高素质精英加入的精品课程，是无法进行开发与申报的。详细措施如下：一是集中发挥力量，建立一支强大的开发课程团队，在培养与引进人才的进程中，建立合理公平的考核评价机制，以便形成人才间的良性竞争；二是培养高等院校现存的英语教学人才，特别是一线的英语教师，提升开发与建设课程的能力；三是在开发过程中引进高素质精英，引进校内外开发课程能力更高的人士参与到建设课程中，确立更加宽泛的引进人才战略。总之，要利用各种途径及形式缓解缺乏人才的疑难，对现存人才的潜能进行深挖，形成队伍作战的观念，这样才能为开发大学英语的精品课程提供强有力的人力资源保障。

5. 细化大学英语精品资源共享课程的评价标准，严格审核

要在国家相应的指导标准下创新与改进大学英语共享精品资源课程相应的评价标准。在对五项一级评价指标严格遵守的基础上，该评价指标要更加着重评价现代科技的教学效果及方式，适量对这两个评价方面的权重进行增加。在审核大学英语共享精品资源课程时，教育的主管部门要联合英语教学的专家一同进行严格的审核，真正使那些出色的课程崭露头角。总归，要根据课程的特点及发展趋势，制定满足现实要求的评价标准，在审核过程进行严格的评价。

6. 改变现有大学英语精品资源共享课程"重申报轻建设"的错误做法

教育的主管部门要对大学英语共享精品资源课程中出现的"重申报轻建设"做法进行严格的要求与规范。要杜绝弄虚作假的现象出现，对申报单位的资质实行全面的考察。要经常对那些申报通过的高等院校在建设精品课程中的具体行为进行监督，及时对建设开发不力的情况进行批评，依照开发精品课程的进度表督促建设精品课程工作高效完成。要制定相应的措施处罚那些因为建设不力而产生不良后果的个人及单位，必要时可撤除其申报建设的资格。只有这样，大学英语共享精英资源课程的建设与开发才能有序进行，才能迅速地开发出高水准的共享精品资源课程。

(二) 大学英语网络课程校本资源库建设要点

1. 积极引入校本资源库概念，完善硬件支持

只要是有用的、和学科教学相关的信息资料都可以放入校本资源库内，如学生成绩档案、教学课件、教师教改方案及教学视频等，需要建立不断的、有序的管理来取用与积累这些资源。

目前，大部分院校也是选用这种方式成立并应用文献网站及资料检索系统的，但是结合各个院校及专业的现实要求，学校及教师们有引导自发的、限定的及个性化的院校范畴资源库的必要，进而为师生主动研究学习提供更好的资源方面的支持，也为校内积累相应的教学研究素材。为此，在资源库及校内网站的建立中需要投入相应的人力及资金，同时尽量对各种有助于教师们改进课程及学生们自学英语的视频、音频及文本等资料进行广泛吸收。

2. 组织全校范围内的资源库应用，提升其实效性

在校园内逐渐发展的网络技术存在多种教学改革，如在人们眼前呈现的在线师生互动及网络智能设备的多媒体课程等。虽然这些模式没有脱离教学大纲及学科宗旨的要求，但在教学中提供给师生新的选择，为人们带来了感受上的以及形式上的新鲜感。故此，尽快在学生眼前呈现这些更引人瞩目的做法以及先进网络技术的成果极其重要。

虽然建立及改进校本数据库的环节较为繁杂，通常会占据师生的一定精力与时间，但其能为以后的学习与工作提供更好的基础，也能更好地落实自主探究及自主学习。在大学英语的教学中，让学生娴熟地掌控应用资源库的方法，就像是砍柴前的磨刀工序，学生们在这个前提下能通过课余时间在线进行网络课程的学习，并根据自身掌控英语知识的实际情况制定自学相应的方案，这种模式有效提高了学生们在英语方面自我完善的能力。

3. 深化教学改革，促进大学英语与网络资源的融合

建设网络课程体系的过程中，教师要结合学生即时的反馈以及自身教学的经验合理地完善与调整教学活动。建立校本资源库不仅是大学英语进行网络教学的重要协助工具，也是升级改良教学模式的根基。在大学英语范畴内，师生实行的各种尝试都能在校本资源库中发挥作用，该平台动态的发展也能为师生的实践提供服务。所以，人们要在促进建设校本资源库的进程中重视对教学模式的同步改革，进而实现二者的互相推进。

一方面，教师要增加学生在课堂上的自主探究比率，培养其使用数据库的习惯，进而使利用校本资源库的频率得到有效提升。例如，鼓励学生编排相应的舞台剧，模仿国外有名的演出，或者在大学英语的课堂中增加团队合作，让学生以小组的形式考察与探究某外国人物的形象等。这些活动内容需要学生查阅大量有关文献资料，不是凭空能够创造出的，学生利用校本资源库的频次自然会有所增加。

另一方面，除了要增加学生使用资源库的频次，教师还要注意引导的方法及渠道，学生们迫切想了解怎么简单快速地检索到有关信息，怎样打造更适合自身个性化的网络课程资料等，这也是教师需要向学生传达的内容。故此，教师教学的方法会受任何新鲜出现的信息化教学方法所影响，为了最大化地实现这些科技成果的功能，必然要对这些成果进行合理的、及时的改进。

三、大学英语课程资源建设探索

（一）翻转模式下的大学英语校本微课程动态资源建设

1. 校本微课程动态资源的建设背景

随着慕课、翻转课堂等观念的普遍更新，英语教育及信息技术高度融合，成为开发微课程的优势。实现微课资源的校本化及校本资源的微课化，逐渐成为促进大学英语深化改革的主要措施。相较于过去传统资源建设以课时与单元为主的大而全模式，校本微课程使学习者在信息时代的形势下学习的个性化需求及多元化方式得到了极大的满足与促进。它将"微"及"校本"的特征相结合，一方面，校本课程根据学校的实际情况，结合其办学特色及育人目标，为了让学生现实发展的需要得到满足，以学校教师为首进行开发，从而具有良好的适应性；另一方面，微课程的呈现形式与基本内容是微视频，其体例紧凑短小，汇集了内容的精华，其生动直观的展现能够填补以往教学中的缺点，对课程知识进行补充与延伸。

2. 校本微课程动态资源建设的必要性

在建设校本微课程中，着重关注静态的技术性资源建设，包含素材课件、微视频、练习测验及教学设计等方面的建设，而微课程资源中应用过程及应用环境的关注与建设却没有做到位，更在考虑其生产发展性方面有所欠缺。不能将校本微课程仅当作新型的一种资源来建设，否则就会受到相应的局限。故此，校本微课程的资源建设要考虑到动态的资源建设。

首先，从特点上进行分析，微课程资源具备"半结构化、易于扩充"的特征，是根据学科知识生成及构建的新型网络课程资源。资源的呈现方式及主要载体就是微课视频，包括素材可见、教学设计等可生成、可修改、可扩充的资源要素，并跟随应用教学资源及需求场景的改变而持续充实及生长，实现动态的更新，故此具有生成性、互动性、动态性及扩展性。

其次，从应用过程及应用环境进行分析，微课程资源应用在开放性、半结构化、情景化、网页化的交互教学及动态生成资源。教学不是遵照教师的假想一步步固定实现的，而是充分发挥师生双方积极性，文本与思想不断撞击，不断产生新的学习方向及需求。在这个过程中会出现大量智慧性、生成性的教学资源，并跟随教学活动、教学需求及应用实践不断完善、更新及充实，具有相应的灵活性。

最后，从建设校本资源的角度进行分析，要实现个性化及校本化，脱离趋同化，就需要在教学资源中具有交往的及动态的运用与编撰。邵莉莉主张教学资源的使用与编撰除了要满足学生的需求外，还要依据学生的需求而变化，要名副其实地"活"过来。其认为教学资源是开式的，是未完成式的，能够跟随实际生活变化、学生现实需求以及教学进程的不断前进，而不断进行编撰及完善。

3. 校本微课程动态资源的资源构成与开发途径

（1）资源构成。我们在线上网络与线下教室课堂相结合的基础上，即翻转课堂的基础上，在过去已存在素材课件、教学视频、练习测试及教学设计等静态技术资源的前提下，即已建设校本微课程的前提下，认为动态待建的资源是指在相应情境下，师生围绕多元化的目标，在进行探究、合作及对话的线上网络平台及线下教室课堂中，实时生成教师预想方案之外的可再利用的、智慧型的、可保存的资源。

动态微课程资源在互动中形成，在交流中促进，包含学生在民主、开放的线上平台及课堂环境中经过生生交互及师生交互产生的，根据某个任务、情景及问题等形成的多元手段、思路及方法，一般以音频、图片、视频、对话及文本等方式出现。例如，学生上交的思维导图、头脑风暴的产物、网络论坛的评论及写作的相应反馈等方面。也包括来自教师对可持续发展教学有益的所有有效资源，如教师对学生在网络平台上学习的分析与足迹进行利用、收集、再反馈；对教学的评价、总结及反思；对学生资源的开发、归纳及整理等。

（2）开发途径。实现动态资源开发的三个主要途径如下：

首先，前期要依据学生学习的特点及水平设计综合性、开放性、创造性及探究性兼备的任务，尽可能规避那些死记硬背、机械训练等直线式、机械式的，无法包容多变复杂性教学的程序，要遵循"以学定教，以生为本"的设计理念。其次，交互时期要支撑、诱发及驱动学生探究思考，鼓舞学生积极学习探索，不断让学生加深认识，遵循"因悱而发，因愤而启"的交互原则。最后，后期要在大量学生形成的资源中辨别出代表性强的错误点、思路观点及创意点，进行整理归纳，推进可持续利用资源；利用网络数据对学生学习的特点进行分析，为学习的个性化提供相关支持，为检查错误填补缺点提供相关凭据；不断进行反思与总结，通过各项反馈及评价调整静态的微课程资源，遵循"去伪存真，去粗取精"的总结规律。

前期的资源及后期动态的资源经过利用及开发后能够通过相应的结构进行组合并形成有效关联；动态的资源通过师生的交互开展反馈、批评及实践，可以完善、补充及替换固有的微课程资源，在动态形成中不断以网状结构进行发散，可在有效保障课堂活力的同时，推进校本资源的利用及可持续发展。只有在深层次的课堂教学中利用与开发教学资源，既让教师常态教学的资源需求得到满足，又让新课程资源不断动态形成，教学资源的建设才能趋向深刻，丰富的教学资源内涵才能真切得到体现。

（二）大学英语课程微课资源的建设

1. 微课的概念和内涵

微课的概念自 2010 年引入中国，是一种新兴领域的研究。微课的研究大致分为两个阶段。

2012～2013 年是第一阶段，研究者主要关注微课的界定、微课开发与制作、微课的教学方法等课程建设方面的问题。微课创始人胡铁生在 2011 年提出："微课是根据新课程标准和课堂教学实际，以教学视频为主要载体，记录教师在课堂教学中针对某个知识点或教学环节，而开展的精彩教与学活动中所需各种教学资源的有机结合体。"2013 年，胡铁生又重新修订了微课的定义，认为"微课是基于学科知识点而构建、生成的新型网络课程资源，'微课'以'微视频'为核心，包含与教学相配套的'微教案、微练习微课件''微反思'及'微点评'等支持性和扩展性资源，从而形成一个半结构化、网页化、开放性、情景化的资源动态生成与交互教学应用环境"。

2014 年，关于微课的研究进入第二阶段，研究者将微课与网络学习平台的构建联系起来,开始探索微课网络资源的建设与运用。胡铁生提出:"微课程应该定位于以微视频为核心资源和呈现载体的微型在线视频课程。"由微课定义的不断更新,我们可以清楚地看出微课内涵的发展轨迹,人们对微课的理解由"微型资源构成"到"微型教学活动"再到"微型网络课程",朝着立体化、课程化、系列化的方向迈进。

微课主要拥有四个特点:第一,微课的含义就是微型课程,在短期内完成教学工作;第二,微课作为教学过程是完整的,授课人课前要准备详尽的课件、教学资料及设计教案,授课时要讲授相关知识点并安排合理的对应训练,课后还要反思教学过程;第三,微课是在网络基础上建立的交互学习行为,以网络作为载体进行共享、传播,依靠现代信息化的教学视频资源;第四,微课并非是完整地讲授一门课程或一个章节,而是将该学科中某一具体知识点作为教学内容,可能是该学科的某个难点、要点或考试要点。

2. 大学英语课程微课资源制作

微课要经过精心设计,凸显教学内容,能够为学习者带来螺旋上升式的知识意义,具有相应深度。我们应该从两个方面掌控微课的质量:一是具备技术性,确切地说是集艺术性及技术性为一体,具备成熟的视频制作技术、协调的画面效果、大方美观的布局以及良好的视觉效果;二是具备教育性,具备明确的教学目标、完备与有序的教学环节及教学内容、顺畅自然的教学过程、精准的教学方式、新颖有趣的视频效果形象以及带有启发性的配套练习。掌控好制作微课的规则,才能形成有趣的作品。设计大学英语微课时应注意如下三方面。

(1) 确保微课教学过程完整。微课作为教学过程是完整的,可以参照课堂教学的过程,将其教学分为五个阶段,分别是前段分析阶段、导入阶段、讲解阶段、总结阶段、布置作业阶段。前段分析阶段用于分析学情,是判断分析教学任务、教学对象及教学内容的过程;导入阶段和教学任务有着密切关联,要求形象生动,可以针对英语教学的内容特点真实生动地与具体场景产生联系,快速精准地为学生创立吸引人的学习情境,让学习者自主进行探究;讲解阶段要求讲解清楚,运用带有启发性的语言,讲解突出重点且适当详略;总结阶段要求简洁明朗,使学生对学习的内容印象更加深刻;布置作业阶段是复习巩固所学内容的过程,可以通过适当训练来加强学习的效果。总之,微课视频要具有完整的教学内容与清晰的教学逻辑,尽可能地消减学习者认知上的负担。

(2) 精心选择微课教学内容。对外语学习来说,微课能够选择的内容有很多,如篇章理解、语法教学、听读写译能力技巧、词汇教学及文化教学等。在对其教学内容进行选择时,要遵守以下三个准则:一是教学内容的选择要依据教学目标,教师能将单个单元划分成许多不一样的教学目标,再依据各个阶段的目标确立讲解的知识点及教学重点,制作成微课视频。二是微课要选择精准实用的选题。教师提炼出讲解内容的精华,对难点及重点进行归纳,再形象地进行展示,提高学生的学习效率,使其能够在短期内掌握相关知识点。三是选择适合学生认知水平的微课教学内容。其教学内容要与学习者的水平相适应,要根据学生的认知特点进行教学设计,让微课在具有实用性的同时还带有启发性,使学生具有的求知欲得到有效激发。另外,在微课布置学习任务之前,教师要指引学生对学习的意义及目的有所了解,可以利用 where(学习的疑点及重点在哪里)、why(为什么要进行微课的学习)、how(如何能让学习效果更好)及 what(学到了什么内容)等问题来让学生的思维得到启迪。

（3）提高视频制作质量。制作微课的方式大致分为动画讲解型、教学录像型、视频剪辑型、屏幕录制型及多媒体讲解型这五类。建设微课到一定进度时，应在教学中打造一些优秀资源，因为学习者学习的激情更容易被质量更高的微课视频所激发。特别是在微课的课题中，课题的整体学习效果及质量将被个别制作水平不高的微课所影响。当下，通过技术人员以及教育工作者的不懈努力，制作微课的水平在不断提高，已经打造了一批质量高、内容新的微课视频，教师可以利用一些网站来丰富自身的教学内容，如中国外语微课大赛官网及全国高校微课教学比赛官网等。

3. 构建基于微课的大学英语混合式教学模式

本节所探讨的微课建设，不仅是构建视频资源，而是教师、学生、教学内容、现代教育技术手段相互作用，在教学理论和学习理论指导下的完整教学过程。只有将微课放在整个教学环节中通盘考虑，融入教学流程之中做整体化设计，才能保证学生自主学习效果，使微课的应用发挥更大的作用。基于微课的教学模式以学生为主体开展教学活动的特点如下：注重培养学生的自主学习能力、探究精神和协作精神，学生由知识的接受者转变为信息加工的主体、意义的主动建构者，教师由知识的传授者转变为学习的设计者、引导者、合作者。

建构主义学习理论能够较好地说明微课学习的认知规律，它将学习定义为"在一定的情境（社会文化背景）下借助其他人的帮助，即通过人际间的协作活动而实现的意义建构过程"。学习包含四种要素，即情境、对话、协作、意义建构，根据建构主义学习理论，围绕四要素以及翻转课堂的特点，笔者设计了教学模式流程，将基于教学过程分为三个阶段：课前—课上—课后。

（1）课前应用阶段。首先，教师对教学内容及对象进行分析，并与教学目的相结合来确定教学目标，在相应教学目标的引导下，将学生的自主学习作为基础以进行教学设计的展开，创作出教学微课视频，创建与学生认知特征相符合的学习环境。

由于翻转课堂是新事物，与以往教学的教学流程完全不同，因此教师应该对课前、课上及课后这三个教学过程的特点具体进行分析，分层级确定各个阶段的教学目标。

其次，学生在收到教师安排的任务后，通过在微课资源中进行自学，自主把握学习效果、拟定学习计划及掌控学习时间。同时，教师应即时掌握及了解学生的学习程度，敦促其学习的进度。教师可通过面对面的形式检查监督及答疑解惑，学生间、师生间还能通过大学英语教学网络平台、QQ群及微信等现代化的教学形式互相进行沟通，让经由线上线下进行混合式学习的效用充分得到施展。经过这些方法，教师可以了解及督促学生的学习情况及学习进度，学生可以利用研讨方式，分享与求教学习中的成果与问题。

（2）课上知识内化阶段。课上是学生生成新认知、构建知识体系的主要环节，在教师的指引下，学生内化知识，课堂成为生生间及师生间进行合作学习、协作对话的教学实践场所，而不再作为教师主要传授知识的场所。学生应向同学及教师汇报课前自学的结果，提出相应的疑点、难点，师生一同寻求答案，而教师应总结归纳课前的自学内容，向学生点拨其中的重点，辅助学生理清知识具有的逻辑。

随后，教师应在课堂上组织有意义的活动，处理学习上的困难疑问，通过启迪性的难题激发学生探索知识的求知欲。最后，教师应在课堂上利用多种方式的练习进行学习效果的检验，发现教学设计中欠缺的地方，掌握学生间的差别，并在课后进行对应的辅导。另外，教师还要布置给学生相应的家庭作业，敦促学生总结回顾所学知识，并对接下来的内容进行预习。

（3）课后评价反馈阶段。学生在课后进行反思总结，依据教师安排的作业对重点知识进行回顾，教师也能安排不同的任务，对学习效果不同的学生提供不同的指导，以提高教学的整体水平。本阶段也是教师推进教学、课后总结的阶段，教师要发现教学中的难点，对教学手段、教学过程、教学评价机制及教学方法进行总结反思，寻求提高教学水平、改进教学效果的办法。

根据设计与分析大学英语的三个环节（课前、课上及课后）可知，微课可以帮助教师进行教学，帮助学生培养自主思考探究的能力，促进原本的"被动学"转向"主动学"，进而使大学英语的教学水平得到提升。

第三章　大学英语教学法

第一节　大学英语常见教学法

一、情境教学法

（一）情境教学法的意义

情境教学法是指在教学过程中，教师有目的地引入或创设具有一定情绪色彩的，以形象为主体的生动场景，以引起学生一定的态度体验，从而帮助学生进行学习，并使学生的心理机能得到发展的教学方法。

情境教学法就是要在教学过程中引起学生积极的、健康的情感体验，直接提高学生对学习的积极性，使学习活动成为学生主动进行的、快乐的事情。

（二）情境教学法的原则

1. 意识与无意识统一、智力与非智力统一原则

这两个原则是实现情境教学法的基本条件。人在学习做事的过程中，一方面需要集中思维，培养刻苦和钻研精神；另一方面又要充分调动兴趣、愿望、动机等这些无意识的潜能，因为它们对智力活动具有重要的促进作用。具体到教学过程中，教师要将学生视作理智与情感同时活动的个体，不要一味地告诉他们要努力、要刻苦，而是要想方设法地去调动学生身心各方面的潜能。事实上，这一原则就是告诉我们要保持一种精神的集中与轻松并存的状态。学生在学习中松弛有度、有张有弛，自然会取得更好的学习效果，而这也正是情境教学法所追求的效果。

2. 轻松体验原则

在情境教学法中，教师要时刻在轻松愉快的情境或气氛中引导学生产生各种问题意识，并展开自己的思维和想象去寻求答案、分辨正误。轻松体验的原则强调，学生思维的"过程"与"结果"同样重要，目的在于使学生觉得思考和发现问题是一种快乐，而不是一种强迫或负担。

3. 学生自主原则

首先，师生之间必须保持良好的互信关系，因为良好的师生关系是情境教学法实施的基本保证。在这里，我们可以将情境教学理解为一种师生在特定情境下进行的交往。师生之间只有相互信任、相互尊重，才能共同顺利地完成教学任务。因此，不仅教师必须充分

了解学生，学生也必须充分了解教师，彼此之间要形成一种默契。

其次，在师生之间互信互重的前提下，要侧重学生的自主性。换句话说，应确定学生在教学过程中的主体地位，作为教师要鼓励学生进行独立思考并勇于自我评价，从而培养学生的创新精神和主动精神。由此，在情境教学中，教师要从学生的实际出发，使学生在完成学习任务的同时获得社会实践的体验。

(三) 情境教学法的应用

语言学习是与一定的社会文化背景，即情境相联系的。利用现实情境提供的场景，学生将自身原有的相关经验和知识与当前学习到的新知识连接起来，从而将新知识吸收并结合纳入自身已有的认知结构中。据此，应当设计能够引导学生积极参与学习活动的真实情境。在情境的设计中，应考虑以下几个主要因素。

1. 任务的呈现

在向学生呈现学习任务时，应当同时描述任务中的问题发生的物理背景、组织以及社会文化背景。问题的呈现还应当是有趣的或吸引人的，目的是引导学习者的积极参与。这一点教师可以通过网络技术将任务用文本、视频或音频的方式呈现。此外，在问题呈现的过程中教师还应当为学生留出足够的操作空间，并允许他们操纵某些难度，以便自己做出决策。

2. 教师的指导

建构主义倡导以学生为中心，认为他们是知识意义的主动建构者，也是信息加工的主体。而教师则是整个教学过程的指导者、组织者和协调者，对学习者的意义建构起着指导与促进作用。无论是教学设计，还是学生的学习过程，都始终离不开教师的认真组织、有效启发与精心指导。因此，在以学生为中心的同时，决不能忽视教师的指导作用。以学为中心的教师设计如果没有了教师的指导，必然会成为没有目标的盲目探索。

3. 相关范例的提供

学生要理解和解决任何问题都需要他们对该问题有一定的经验，并能给你建构相应的心理模型，因此为学生提供相关的范例是很有必要的。具体来说，应当提供一系列学习者可能会参考的相关经验，例如要解决的问题的多种观点、视角、思路等。这不仅有助于学生解决当前任务，而且可以补充其自身认知结构中的空缺。此外，范例的提供还应包括要解决的问题的多种观点、视角和思路，以培养学生认知的灵活性。

4. 自主学习设计

情境教学法强调学生要主动建构知识的意义，因此自主学习设计是设计出促进学生主动构建知识意义的学习环境中的重要一环。学生是学习过程的主体，学生的自主学习是对所学知识实现意义建构的内因，而恰当的情境是促进学生主动构建知识意义的外部条件，即外因。外因通过内因才能起作用，学生在适当的情境下通过主动探索、主动发现，并借助于自主学习活动，完成知识意义的建构过程。可见，自主学习设计是情境设计中必不可少的。

5. 信息资源

在建构情境时，必须确定学生所需要信息的数量和种类，以建构问题模型和提出问题解决的假设。情境中可以提供的信息资源包括可供学生选择的并随时可得的与问题解决有关的各种信息和知识，如文本、图形、图片、声音、视频、动画等，以及通过网络获取的各种相关的资源。

6. 认知工具

所谓认知工具是指支持和扩充学生思维过程的心智模式和设备，通常是可视化的智能信息处理软件，如专家系统、知识库等。由于学习者受已经掌握知识和感官输入信息能力的局限，因此对认知资源的获得也受到限制。而认知工具能够提供组织或呈现各种信息的机制，学生借此可以进行信息与资源的获取、分析、编辑，并以此表达自己的思想。

二、自主学习型教学法

（一）自主学习型教学法的含义

我国制定的《大学英语课程教学要求》中规定了大学英语教学目标："大学英语的教学目标是培养学生的英语综合应用能力……同时增强其自主学习能力，提高综合文化素养，以适应我国经济发展和国际交流的需要。"为了实现这一目标，教育部应改革现行的英语教学模式，应把传统教育的被动模式转变为主动教学模式，具体来说，就是把现在的教师主讲、学生主听的模式转变为以计算机、网络、教学软件为主的教学模式。在这种教学模式下，教师的首要任务就是要培养学生的自主学习能力。为此，教师在教学过程中要有意识地培养学生的学习自主性，可以对学生进行学习策略方面的培训，使他们逐渐树立管理自己并对自己的学习负责的意识，养成与之相对应的习惯。可见，学生自主学习符合我国现代英语教学的目标。

自主学习教学法强调教师应根据自主学习的理念为学生创建支持性的学习环境，使学生之间形成良好的协作关系，学会自我管理和自我评价，最终成为自主学习者。可见，有意识地为学生创设和谐、互助、自主的环境是自主学习教学模式的关键。

自主学习型教学尤其强调教师的角色转换，它要求教学应当以学生为中心，充分尊重学生个体的差异，围绕学生的需求开展各种教学活动。当然，在自主学习型教学的课堂上，教师的基本作用还是需要的。例如教师要控制教学过程，组织教学活动，制定教学内容等。不同的是教师还要帮助学生学会自主学习，同时教师又要参与学习，满足学生的需求，理解学生的感受，而不是仅仅当一个评判者。

（二）自主学习型教学法的原则

1. 以学生为中心原则

既然是自主学习，就必须强调以学生为中心的原则。学生在学习的过程中应享有充分的自由空间来选择开展学习活动的时间、方式、信息处理方式、学习成果的展示方法等。因此，教师应时刻谨记此原则，为学生创造良好的外部学习氛围。当然，这里所说的自主学习不等同于学生的完全自学，而是在教师的指导下，有计划、有组织地学习；同样，学生的自我管理也应是在课程要求的总体规划下进行的，这就体现出了教师的指导作用。教师的作用主要体现在教学目标的制定、与学生协商制订适合学习者个人特点的学习计划、对学生学习过程的监控及学习评价等各方面。

2. 为学生提供学习资源原则

在自主学习型教学中，教师可以根据自己所在学校的具体情况建立英语自主学习中心，以保障自主学习的开展。自主学习中心可以建有英语沙龙、英语学习策略讲座、英语论坛等。在这里，学生可以根据自身的需要制定学习任务，而教师可以定期对学生进行学习方法的指导，帮助学生调整学习方案。

3. 培养学生策略意识原则

自主学习教学法最终要求学生能够运用所学策略指导自己的学习，提高学习的效果。而如果事先缺乏相关策略训练，那么学生处理学习问题能力的发展就会受到阻碍。所谓学习策略训练是指对学生进行系统的训练，包括认知策略的培养和元认知策略的培养。策略培养一般要历经展示、训练、评价、拓展等阶段，是培养学生自主学习能力的重要途径之一。实践表明，如果缺乏元认知策略意识，学生就无法辨认和分析用于理解的语言提示和社会语言提示，也无法将语言输入与已有的知识加以整合，也就不能有意识地使用已掌握的目标语系统调节其语言行为。可见，对学生进行策略意识的培养是实现自主学习的必要前提。

4. 从外部监督到自主监控原则

自主学习型教学法是一个教会学生逐步实现自我学习的过程，这一过程并不是一蹴而就的，而要经历一个从外部监督逐步发展为自主监控的过程。外部监督主要是指教师的监督，教师通过实施必要的监控，例如可以利用合作学习、小组学习、自我提问等方式，帮助学生进行自我监控或互相监控。在条件允许的情况下，教师还可以利用计算机网络系统实现监控。

(三) 自主学习型教学法的应用

自主学习能力表现为一个人能够自我管理的学习行为，这种行为贯穿自主学习型教学法的始终。自主学习型教学法在英语教学中的应用，主要涉及学生在自主学习过程中对自身学习行为的控制与管理，包括自主计划、自主监控、自主评价三个方面。

1. 自主计划

自主计划阶段可以理解为学习前的准备阶段，在这一阶段，教师要帮助学生针对所学习的内容及要采取的学习行为做好准备。首先，学生要根据所学材料的标题预测将要学习的内容，认识到在不同语篇中信息的组织方式也不相同，并了解相关的文化信息。然后，学生要确定学习目标，学习目标的确定有助于学生了解那些重要的细节信息。

学生需要进行两个方面的准备工作，即语言准备和非语言准备。言语准备与非言语准备的工作是融为一体，同时进行的。例如，教师可以在学生尚未接触到所学内容的情况下，提供一系列关键词或短语来预测学习材料的内容。这里需要介绍一个概念，即图式。所谓图式是指学习者大脑中储存的相互关联的各种知识、观点与概念。图式知识既是学习的基础，同时又是学习的一种成果，它随着学习而不断丰富和完善。教师提供了一系列关键词语或短语，而由于学生先前建立了一定程度的图式知识，因此这些关键词和短语对学习者已有的图式知识起到了激活的作用。具体来说，可将准备工作分析如下：

(1) 先行组织，又称为组织计划，即预习将要学习的材料，了解相关的大意以及重要概念。例如，基于先前已有的知识对所学的内容进行预测；了解在要开展的学习任务中采用的学习策略；对同要开展的学习任务有关的语言形式、概要、次序或语言功能等做出计划。

（2）集中注意，即事先计划学生在学习任务完成过程中始终保持自己的注意能力。例如，关注文章的大意等重要信息，忽略无关的干扰性信息。

（3）选择注意，即事先确定要注意学习任务中输入的某些方面的特征或有助于任务完成的一些情境细节，并在任务完成过程中注意语言输入的某些方面。例如，要注意到关键词或短语、重要概念或语言标记。

（4）自我管理，即了解促使学习任务顺利完成的各项条件并尽量创造出相应的条件；要控制自己的语言行为，尽可能地利用已有的目标语知识。例如，积极利用课堂之外的机会使用所学的语言知识。

2. 自主监控

自主监控是指学习者在完成学习任务的过程中对自己的语言理解和语言行为加以核查、确认或修正。具体来说，自主监控阶段包括以下两个方面的学习行为：

（1）自我监控。自我监控是指学生要在完成学习任务的过程中检测、证实或修正自己对所学内容的理解或调整自己的语言行为，包括计划监控、输入监控、输出监控、策略监控、理解监控、视觉监控、语体监控、听力监控等。例如，在英语阅读过程中教师引导学习者把自己的各种理解说出来，以培养学习者思考、预测、验证等阅读习惯，提高自我监控的能力。

学生对自身学习行为的监控能力反映了其元认知水平的高低。学生可以通过对学习过程的监控，来核查自己原先的预测是否与目前正在学习的内容相符。从而认识到自己所采用的学习策略是否有助于任务的完成，提高自己的推理能力，使自己对学习过程的监控更加有效。

（2）发现问题。发现问题是指学生在自我监控的基础上发现学习任务中需要解决的问题。作为一种有效的自主监控手段，参与发现问题并试图解决问题不但能够促进学生语言运用能力、问题解决能力的发展，而且对学生阅读策略、听力策略、交际策略等的提高也会有帮助。例如，教师可以在给学生布置学习任务后，由学习者通过阅读、听力理解、讨论等归纳出某种规律性的知识，以培养学生分析归纳的策略能力。

3. 自主评价

自主评价是在学习活动结束后，在教师的引导下，从知识掌握的完整性和准确性方面对自己的任务完成情况进行评判，从而发现其中存在的不足，然后给予针对性的解决。可见，自主评价可帮助学生在教师的指导下评判自己的任务完成情况，进一步巩固所学的知识与技能。在评价阶段，学习者评判自身的语言行为，其目的是了解对知识的掌握情况，并及时发现不足之处以便及时地给予解决。具体来说，评价活动的内容包括学习者的个体活动、学习者之间的合作活动以及教师为主导的活动。自主评价对学习者自身的学习能够起到很多促进性的作用，如能够促使学习者对自己的学习活动，尤其是在完成任务过程中遇到的困难，进行系统的评价；促使学习者在新的学习任务中再次尝试所掌握的学习策略和技巧等。具体来说，学习者的自主评价包括以下方面：

（1）输出评价：即任务完成后核查自己是否完成学习任务。

（2）策略评价：即评判自己在完成学习任务中策略的使用情况。

（3）能力评价：即评判自己完成学习任务的能力。

(4) 语言行为评价：即评判自己在任务完成过程中的表现。

(5) 语言掌握评价：即评判自己对目标语本身的掌握情况，例如对概念、短语或句子的掌握。

(6) 延伸活动：即学习者得到更多的机会来对所学的新概念和技能进行揣摩，将这些概念和技能融入自身原有的知识系统中，并将其运用到现实的语言情境中。同时，学习者在评价的过程中也得到更多的机会进一步对自身的较高层次的认知技能进行发展，如演绎某个概念的新用法，分析某个学习行为的组成部分等。

三、任务型教学法

(一) 任务型教学法的含义与目标

1. 任务型教学法的含义

任务型教学法是从 20 世纪 80 年代逐渐发展起来，广为应用语言学家和外语教学实践者认可和接受的一种外语教学方法。任务型教学法是交际教学法的发展，是一种强调"在做中学"的语言教学方法。任务型教学理论认为，掌握语言大多是在活动中使用语言的结果，而不是单纯训练语言技能和学习语言知识的结果。在教学活动中，教师应当围绕特定的交际和语言项目，设计出具体的、可操作的任务，学生通过表达、沟通、交涉、解释、询问等各种语言活动形式来完成任务，以达到学习和掌握语言的目的。

任务型学习将任务置于教学法焦点的中心，视学习过程为一系列直接与课程目标相联系并服务于课程目标的任务，其目的超越了为语言而练习语言。任务型教学的基本特征是以"任务"为核心单位计划、组织教学，它采用任务大纲，以任务为单位组织教学单元，以任务的完成为教学目标。在任务型教学中，通常一个任务组成一个独立的教学单元，全部教学活动围绕任务进行，服务于任务的完成。但任务型教学或任务型学习中的任务不是一般的、孤立的或者可以任意组合的课内或课外的教学或学习活动，而是整个系统或课程中的一个有机组成部分。

2. 任务型教学法的目标

(1) 语言运用目标。对语言的综合运用能力是任务型教学法的一个基本目标。对语言能力的综合发展目标又可以分为三个具体目标。

①准确性。准确性是指规范地使用语言，按语法的规则表达。不准确的语言会影响有效的交流，长期使用不正确的语言还可能形成固化，即形成固定的错误。许多任务型语言教学的倡导者都把语法、语言的准确性放在第一位，即注重语法的形式，让学生知道如何使用这些语言的形式，以达到交际的目的。

②流利程度。流利程度是所有语言教学都追求的目标之一。任务型语言教学在注重语言准确性的同时，非常注意用各种各样的方式培养学生的语言流利程度。在实际的语言交流中，如果没有达到一定的流利度，对方恐怕不愿意继续交流下去。一些学者指出，人们在使用语言时头脑中存储的不是单个的词语，不是支离破碎的语言，而是一块一块的语言，是一些预先组织好的短语和固定的表达方法。因此，在任务型语言教学中，教师在发展学生的语言能力的时候，重要的不仅仅是单个的语法结构，而是综合的语段能力。让学生掌握预先组织好的短语和固定的表达方法，整体使用语言来交流，那么他们的语言准确

程度与流利程度都会得到提高。

③复杂度。复杂度又称为"重构",即重构是使中介语言系统更加复杂、更精细,体系更完整的过程。之所以重视复杂度,是因为它可以使语言使用者在交际时更有效地表达,减少词不达意或由于不能准确地表达意思而采取迂回的表达方法。在任务型教学中,要促进学生复杂度的发展,需要让学生有重构的机会。其中一个方面就是要为学生提供使自己的语言系统更为复杂的机会,也要有使语言中介系统更为复杂的发展机会,而这正是任务型语言倡导者认为任务可以起到的作用。

(2) 素质教育目标。任务型语言教学不仅倡导从语言教学的角度来认识任务的作用,还从人的发展与人的培养方面看待任务的作用。从本质上说,任务型语言教学是人文主义的教学理念。任务型语言教学有三个层次的任务:第一个层次只涉及交际;第二个层次涉及认知;第三个层次是人的全面发展。

具体来说,第一层次的任务是在某个特定的情景或某个特定的语言范围内发展学生的交际能力。任务通常是围绕特定的功能或解决简单的问题。此时,学生使用的语言结构通常比较简单。第二层次的任务其挑战性比第一层次的任务更为广泛。这类任务不仅发展学生的交际技能,而且也发展一般的认知策略、处理信息与组织信息的能力。第三层次任务的范围则不仅培养交际能力与认知策略,也要通过学生学习外语的经历和体验,发展学生的个性。这就不仅仅是语言方面的目标,而且有更深层次的教育目标,包括文化意识、情感态度等,还包括发展创造性与个人人际交往的能力。

(二) 任务型教学法的原则

1. 一般原则

(1) 真实性原则。真实性原则主要涉及两个方面。第一,学习任务的设计要为学生提供明确、真实的语言信息,使学生能在一种自然、真实或模拟真实的情境中体会语言、掌握语言的应用。第二,教师所用的语言材料应尽可能真实,并与学生的实际生活和社区生活结合起来

在教材中,我们会见到大量这样的句子:I am going to tell you something. 实际上,在美国的口语中,人们通常会这样表达:I gonna tell you something. 又如,在澳大利亚,可能我们会在感谢别人时听到的回答不是 You are welcome. 或 My pleasure. 而是 No worries! 可见,非真实语言的设计是为了使学习者更易于理解和学习,但是真正在人们使用语言时却往往不是语法上正确的句子,至少不一定是教科书上的语言。但语言学习者需要在两个方面都有所接触,这样他们所表达的话语才能更加自然,并且更加容易理解。

因此,教师在设计教学任务时,所使用的语言应尽可能取决于真实的交际需求。教师根据需求创造适当的情境以"控制"着活动,而学生可以根据交际的需求选择他们所要表达的内容和语言。也就是说,学生不应仅仅集中在个别的语法结构上,而是需要用他们所掌握的语法知识来表达各种根据实际情况出现的意思。

(2) 互动性原则。互动性是交际的核心,语言学习本身的最终目的是要学会用语言交际。所谓互动性指两人或两人以上相互交流思想、情感或想法的活动,其结果是交流的各方从中受益。学习者在参与活动与完成任务的过程中,是通过交际性和有目的的交互活动掌握语言的。

互动性的重要作用集中体现在能够促进语言自动性的生成，这是二语习得研究者从探究儿童语言习得过程中获得的启发。儿童往往能较快地从对一条条语言项目的仔细关注逐一加工转换为一种快速自动加工方式，对语言形式的关注则是次要的和随意的。与之相比，成人语言学习者的这一转换往往来得缓慢，因为他们长期徘徊于分析型、控制型模式，关注琐碎的语言项目。有效的语言学习涉及从对少量语言形式的控制及时地过渡到对相对无限的语言形式的自动加工，而互动被认为是促进这种自动性形成的最有效途径。在互动中，学生可以把注意力放在意义的表达和信息的理解上，而不再是语法或其他语言形式。这样，学生便从语言控制中解脱出来，将其拥有的语言全部用于（类似）真实生活的交际，进行真实意义的表达。

此外，学生在互动中可以学会在各种情形下使用不同语言表达的方法和技能。比如在与别人对话时，如何适时地停顿、如何转换话题以达到表达自己意思的目的，如何客气地打断别人的谈话而又不至于引起别人的反感等。

（3）过程性原则。交际是一个过程，同样，交际能力的获得也是一个过程，它以具备方方面面的知识技能为前提，但这些知识技能能否相互转化发展为交际能力，相当程度上取决于学习者是否具备过程能力。因此，任务型教学的过程性原则要求将学生注意力吸引到学习过程上来，帮助学生培养过程能力。这就决定了任务型教学要以任务组织和活动为教学内容，重视学生积极地认知参与及其对学习内容的主观感受与情感体验，创造接近真实的语言环境，由学习者在完成任务中探索、归纳，从中发现并运用规则，在用目的语同他人交流协商的过程中，感悟语言、内化语言、学会交际。

（4）形式与意义相结合原则。如果仅仅让学生做任务，即使这些任务可以引起学生的积极性，那也是不够的。因为学生只完成任务而没有注意语言形式的机会，那么虽然学生可能完成一些任务，但是这些任务可能没有重点。而且如果只考虑交际和完成任务一个目的，学生可能会全靠交际策略和单个的词语达到交际目的，而不去注意语法结构。可见，任务型语言教学十分强调语言形式与意义的紧密结合。任务的设计应注重语言形式和语言功能的结合，使学生在掌握语言形式的同时，培养运用语言功能的能力。此外，由于每一项任务的设计都具有一定的导入性，学生在学习语言形式的基础上，可以通过系列任务的训练，自己进行推理和演绎，从而理解语言的功能，并在交际中进行真实运用。

（5）扶助原则。对师生而言，教师是以合作者的身份对学生进行帮助与扶持的。这种帮助与扶持又涉及认知需求与情感状态两个方面。从认知的角度来看，教师应当启发学生已有的背景知识和语言资源，帮助学生完成学习任务。在这个学习过程中，学生可以与教师或同学"共同构建"要说的话和要完成的任务。从情感的角度来看，任务型语言教学倡导小组活动、合作学习。合作学习可以维持学生足够的兴趣，并在解决问题时控制学习产生的挫折感等。

对于学生之间而言，他们相互之间可以进行支持、协助与合作。这里主要涉及学生个人经历对学习的促进作用。学生对知识的学习并不是简单的套用，而是在其原有的知识结构、经验背景的基础上，经过新旧经验双向交互作用建构起对知识意义的理解。因此，一方面学生通过特定任务的情境，在用目的语完成任务的过程中加深对目的语系统的领悟与理解；另一方面学生们之间不同的知识结构与经验背景可以在互动中交流与共享，从而促进共同学习。

2. 任务设定原则

任务型教学法必然会涉及任务的设计，在任务设定过程中，应当遵循以下几个原则：

（1）相关性原则。任务的相关性原则主要体现在以下两个方面。

学习任务设计中的相关性。教师在设计学习单元任务时，应注意由易到难，由简到繁，层层深入，形成由初级任务向高级任务以及高级任务涵盖初级任务的循环，保证教学阶梯式地层层递进。而学生的语言能力则通过每一项任务逐步得到发展。此外，任务的设计不仅要由易到难，还应从接受性任务向表达性任务过渡。如听和读的任务可先于写和说的任务，或先让学生模仿录音或教师的语言，再让学生将以前学习过并熟悉的语言与现时学习的语言重新组织，创造出新的组合。

课堂语言学习与课外语言运用的相关性。将课堂学习与课外运用紧密联系，一是可以缩小课堂与社会的距离，把学生作为社会的人，通过学习促进学生的社会化；二是能够有效激发学习者的内在动机。学习理论研究表明，内在动机更能促使学生积极投入到学习中去。当学生发现所学内容与他们的实际生活紧密联系，可以马上用于应对生活中的交际问题时，他们的学习兴趣和积极性将被充分调动起来。

（2）明确性原则。教学任务的布置应该明确体现出教学目的、要求和教学重难点。也就是说，教师应在制定任务前弄清楚本次教学要解决什么问题、学生需掌握什么知识。同时，教师对任务的布置不能停留在浅表层次，仅仅止步于简单创设任务情境。这就要求教师应尽量避免抽象、泛泛地布置大体任务、大体框架，而应该具体呈现任务内容，包括任务所要达到的目的、完成任务需要经历的不同阶段，时间安排、步骤的具体实施办法、学生需要完成任务的形式、合作方式等细节内容。只有这样，教师才能真正做到有的放矢，学生才能清楚地了解完成教学任务、达到合格要求需要努力的方向。明确的任务目标能使有限的教育资源得到最为充分的利用。

（3）实用性原则。任务的设计不能仅注重形式，而不考虑它的效果。课堂任务总是服务于教学的。因此，在任务设计中，要避免为任务而设计任务。任务设计者要尽可能为学生的个体活动创造各种条件，利用有限的时间和空间，最大限度地为学生提供互动和交流的机会，达到预期的教学目的。

（4）挑战性原则。尽管自主学习是以学生自学为主，但过于简单或者困难的内容都是不适宜的。从心理上来说，过于简单的内容容易使学生丧失学习兴趣，并且在心理上形成错觉，产生骄傲自满等不正确的学习态度和学习情绪。过于困难的任务又会打击学生的自信心，使学生产生畏难情绪。因此，学习任务的设定应该立足于学生的具体情况、实际水平，增加一定的挑战性，这样才能充分激发学生的学习动机和兴趣，刺激他们的征服欲，发挥学生积极性、创造性思维，培养其自信心，变"要我学"为"我要学"并最终实现"要学好"。任务的挑战性越大，学生完成任务后得到的满足感、自豪感就越强，更能激发长久的、持续的学习兴趣。

（5）连贯性原则。连贯性原则涉及任务与任务之间的关系，以及任务在课堂上的实施步骤和程序，即怎样使设计的任务在实施过程中达到教学上和逻辑上的连贯与流畅。任务型教学并非指一堂课中穿插了一两个活动，也并不指一系列活动在课堂上毫无关联的堆积。任务型教学是指教学通过一组或一系列的任务履行来完成或达到教学目标。在任务型教学中，一堂课的若干任务或一个任务的若干子任务应相互关联、具有统一的教学目的或目标指向，同时在内容上相互衔接。

（6）趣味性原则。通过有趣的课堂交际活动有效地激发学习者的学习动机，使他们主动参与学习，这是任务型教学法的优点之一。因此，在任务设计中，很重要的一点便是考虑任务的趣味性。机械的、重复的任务类型可使学生失去参与任务的兴趣，因而任务的形式应多样化。需要注意的是，任务的趣味性除了来自任务本身之外，还可来自多个方面，如多人的参与、多向的交流和互动，任务完成中的人际交往与情感交流，以及解决问题中或完成任务后的兴奋感、成就感等。

（7）可操作性原则。在任务设计中，应考虑到它在课堂环境中的可操作性问题，应尽量避免那些环节过多、程序过于复杂的课堂任务。必要时，教师可以为学生提供任务履行或操作的模式。

（三）任务型教学法的应用

1. 任务前阶段

任务前阶段又涉及两个小阶段，即任务准备阶段和任务呈现阶段。任务前阶段的目的主要有两个，一是为了激活学生已有的知识资源，帮助学生重构语言系统与思维方式；二是为了使学生具备完成任务所需要的语言知识和文化知识，减轻在下一阶段完成任务时的认知压力，从而使学生真正成为主动学习者。

（1）任务的准备。任务的准备主要涉及两个方面的内容，一是作为任务参与主体的学习者所需获取、处理或表达的信息内容；二是作为任务参与主体的学习者获取、处理或表达这些内容所需的语言知识、技能或能力。在任务准备阶段，还需特别注意两个问题，即语言输入的真实性和任务的难度。任务的真实性是指在任务教学中所采用的语言教学材料所具有的自然的口头语言和书面语言的品质程度。在课堂教学的环境下，教师的教学材料既有自然交际环境下具有的真实性特点，同时也具有在课程标准指导下仿制自然交际真实性的特点，这共同构成了英语课堂环境下的语言输入。而任务的难度则主要由三个方面的因素决定：一是要学习的内容，二是活动的类型，三是学习者自身的因素。任务的难度则由这三方面的因素综合后得出。

（2）任务的呈现。任务的呈现是指教师在学习新语言之前向学生展示要求学生运用所学新语言完成的任务，即通常所说的任务介绍。此时，教师应当结合学生的生活或学习经验，并创设有主题的情境，以此激发他们的好奇心和学习动机。在这一阶段，教师所要做的是提供给学生与话题有关的环境以及思维的方向，并把所要学习的新知识与学习者已有的知识结构建立某种联系，调动起学生的求知欲，使学生有想说的强烈欲望，满怀兴奋和期待地开始新课的学习。在这一环节中，教师需要遵循先输入、后输出的原则，也就是说，在学生激活了完成任务所必需的语言知识和语言技能后再导入任务，这样做不仅是为了学生学习的顺利进行，也是为下一个环节奠定基础。

2. 任务中阶段

任务中阶段即任务实施的阶段，也是学生语言技能的主要习得阶段。在这一阶段，任务的选择极为关键，任务的难度过高或过低都不利于学生的学习，因此教师要合理选择任务的难度。虽然教学中经常出现任务难度过高或过低的现象，但教师可以采用多种方法来弥补这种现象。例如，当任务难度过高时，可以利用图表、图像以降低难度；当任务难度过低时，可以添加其他学习内容或设计更多具有思维挑战和判断性的任务。

学生实施任务可以采取的形式有多种，如结对子或小组形式自由组合的形式，也可以由教师设计许多小任务构成任务链。其中，小组活动是比较常见的活动方式。在进行小组活动时，要有明确的个人任务与小组任务，要对学生和教师的角色进行适当的转换。当然，教师要对小组活动进行适当而明确的指导。此外，为了鼓励学生，教师也可以不做旁观者，而是参与学生的小组活动，成为小组中的一员。这样做的好处是教师可以及时地对学生实施任务的情况进行监督、指导，了解学生掌握新知识的程度，并根据具体的情况，随时对教学策略实施调整，以保证任务完成的质量。

3. 任务后阶段

任务后阶段主要涉及任务的汇报和评价。学生在完成任务后，可以派出代表向全班报告任务完成情况，教师可以指定代表或者由小组成员推选。代表既可以由教师指定，也可以由小组推选，两种方式各有优点。当学生汇报任务时，教师并不是可以让其自由进展，而是在汇报的过程中应该给予他们一定的指导和适当的帮助，力求学生汇报的准确、自然。

在各个小组任务汇报完毕后，教师应当与全班一起对任务做出评价，指出各组的优点与不足，并评出最佳小组，让学生在完成任务之后，品尝到成功的喜悦，同时对自己的不足也有所认识。在评价过程中，教师不仅要对结果进行评价，还要引导学生如何正确、理智地评价自己和他人，帮助学生形成良好的评价思维方式。对于完成情况较好的小组，要给予精神鼓励或适当的奖励。

总之，任务后阶段的意义在于它为学生提供了一个再做任务的机会，促进学生反思任务完成的过程并进一步关注语言的形式。

四、互动型教学法

（一）互动型教学法的含义

互动型教学法既不同于传统教学中仅以教师为主的教学方法，也不同于那种放任学生自发学习的"放羊"式教学方法。简单来说，互动型教学法是指在教学过程中充分发挥教师和学生双方的主观能动性，师生之间相互对话、相互观摩、相互讨论、相互交流，最终达到相互促进的一种教学方法。

互动型教学法在充分尊重语言与教学规律以及学生身心发展规律的基础上，将语言学习的自然规律与我国当前英语教学的特点科学有机地融为一体，不仅注重训练学生的语言基础知识，更注重培养他们综合运用英语的能力。同时，互动型教学法还注重培养学生分析和解决问题的能力。

互动型教学法充分体现了学生为主体、教师为主导的双向教学原则。具体来说，它既要求学生在教师的组织下按照教学计划的要求进行系统的语言学习，也要求教师按学生的要求进行有针对性的教学。在这里，教师从传统的知识的权威者与传授者转变为课堂教学及活动的设计者、组织者甚至参与者。而学生则从传统的被动的知识接收者转变为课堂活动的参与者和合作者。这样，不仅充分激发和调动了学生学习的积极性，培养了学生的动脑与动手能力，还有利于教学相长，促进教师不断充实自身的专业知识，努力提高自身的文化水平及教学技能，不断改进教学方法。同时，互动型教学法还有助于促进教师与学生之间的沟通，使教师及时了解学生在学习过程中存在的问题及他们的要求，以便因材施教，提高教学效率。总之，互动型教学法符合语言本身的交际功能，也符合新时期英语教学法的要求，对有效培养学生灵活运用语言的能力十分有益。

（二）互动型教学法的原则

在互动型教学法中，教学活动的设计必须始终遵循一个根本原则，即必须符合有意义的、创造性的语言操练活动的原则，因为只有这样才能使英语教学过程从"教"转为"学"。也就是说，教师在设计教学活动时，必须谨记一点，即互动活动的内容应当有助于激发学生活动参与的内在动机，使他们体会到活动参与的趣味性和挑战性。具体来说，互动型教学法必须遵循以下几个原则。

1. 互动性原则

互动性原则是互动型教学法的首要原则。因为学生学习语言的最终目的是交际，而交际的核心便是互动。互动是两个或两个以上参与者之间彼此交流观点、思想感情的过程。在这个过程中，参与者之间首先要有交流的需求和愿望，其次彼此之间要有可供交流和沟通的信息储备，再次彼此之间还要有统一的交流目的。只有这样，互动才会发生。由此可见，互动意味着学生主动学习与运用语言，即他们会自发和自主地探究知识，进行自由的思考与创造，从而成功地构建知识结构，并使其内化到自身原有的知识结构体系中，也只有这样习得的知识才能够长久化。

从师生关系来说，互动是教师、学生和教学内容之间的互动过程。具体来说，在教学过程中，教师和学生都不是旁观者，它要求所有人都积极参与。而良好的互动氛围需要由教师努力创造。教师应该将传统的教师"一言堂"的课堂教学模式转变为师生之间进行对话互动的教学模式，营造自由、轻松、和谐的教学氛围，从而充分调动学生的积极参与性，培养学生的自主性和开放性。教师可以开展多种多样的教学活动，例如可以是同桌间进行的，也可以是小组间进行的，还可以是全班活动。而活动的种类可以是角色对话，也可以是游戏表演等。不管采取何种活动，都要做到活动内容与教学目的相一致，如果纯粹为了活跃课堂气氛而进行毫无意义的教学活动，则会取得适得其反的教学效果。

2. 兴趣原则

前面我们提到，设计的教学活动应当有助于激发学生活动参与的内在动机，而内在动机正是由兴趣产生的。兴趣可以说是最好的老师，是学好语言的关键。任务设定不能脱离学生日常生活和他们感兴趣的话题。事实证明，学生对自己感兴趣的任务更愿意亲自参与其中，积极探讨，也更愿意动手实践。教师正好可以充分利用这一点为自己的教学服务，将学生感兴趣的问题巧妙地融合教学设计中，融入与学生之间或生生之间的互动过程中，让他们由兴趣出发、带着兴趣深入、在兴趣的帮助下进行有效学习。

3. 综合性原则

综合性原则也是互动型教学法的重要原则。这里的综合性主要体现在四个方面：教学法的综合、语言技能的综合、语言文化的综合以及课内与课外的综合。其中，语言技能的综合是发展学生听、书、读、写等各项基本技能的综合,这也是英语互动型教学的根本出发点。这四项基本技能之间既相互依存,又相互独立;既相互作用,又互相对立。而互动型教学就是要促进学生各种能力的综合与全面发展。事实上,在英语教学中,无论是专业的综合英语课,还是非专业的英语课,甚至是英语的单项技能课,都必须体现出语言技能的综合性原则。

(三) 互动型教学法的条件

对于教学过程,现在专家学者以及教师基本都达成了共识,即英语教学是以学生为本的教学,学生是学习过程中的主体。在英语教学中,互动实践教学是学生学好英语的基本途径,因此教师应充分认识到互动教学法的重要意义。而要有效实施互动型教学法,还须具备一定的条件,这样才能使得学生积极主动地配合,也才能保证教学质量。具体来说,互动型教学法实施的先决条件大致包括以下几个方面,我们将分别针对教师方面和学生方面具体阐述。

1. 教师方面

(1) 转变自身角色。传统的教师在教学中占据着主导地位,学生处于从属地位,教师在课堂上一味地灌输知识,而忽视学生的接受能力。现在我们已经意识到,学生才是学习的主体,学习者的主体地位是其他人不能替代的。教师在课堂的角色不再是单一的、固定的,而是多元的、变化的。互动教学法的实施需要教师转变观念和角色,由知识的传授者转向组织者、监控者、评价者,也就是由原来的"主导"变成"指导"。

(2) 营造和谐气氛。轻松融洽的课堂气氛有助于激发学生的学习动机,提高学生的学习效率。但是课堂气氛的营造在很大程度上取决于教师的努力,这就对教师的素质和行为提出了很高的要求。教师想要营造良好的课堂气氛必须深入了解学生的兴趣和需要,并适时引导,使学生主动地投入学习。教师可以在课堂穿插一些幽默因素,让学生在轻松愉快的氛围中投入学习。但需注意的是,教师要明白小幽默只是起到辅助作用,并不是课堂的主体。如果教师过多地运用幽默,就可能会把课堂变成幽默课,而且也很有可能偏离教学主体,完成不了教学任务。因此,教师对于运用幽默的次数和时间一定要把握好。

(3) 提高自身素养。在互动教学法中,教师仅仅熟悉本课程的知识是不够的,因为学生的提问有可能会涉及其他方面的知识,这就需要教师具备所教课程应有的基本技能,在自身知识积累的同时,还要不断地学习和获取新知识。由于学生的提问可能是即兴的,因而不仅需要教师的知识比较全面,还要能够简明地表述,并能够科学地分析、解决问题。

互动教学法除了要求教师具备全面的专业知识外,还需要有高度的责任心,并热爱教育事业,关心学生。由于互动教学法注重互动,因而教师应多与学生进行交流,在交流中掌握学生的学习情况,并调动学生学习的主观能动性。可见教师还应具备一定的心理学知识,才能有效地与学生进行沟通。

(4) 选择适当教材。互动式教学所涉及的问题应该以教材为中心展开,因而要选择合适的教材。所谓合适的教材,既要考虑到学生的已有认知水平,又要能够把已掌握的知识和新知识有机地结合起来。可见,教材的难度不能低于学生的现有水平,也不能超出太远,而应该有一定的难度,让学生感觉存在一定的挑战,这样师生才能进行有效的互动。

教材是师生讨论的中心,除了难度适中外,逻辑要严密,知识要系统,思路要清楚,讲解要清楚，语言要规范，以便于学生自学。由于目前处于信息爆炸时代，因而教材还要能够拓展学生的视野，增加学生的课外知识，并为学生的提问或讨论提供丰富的素材。另外，优秀的教材还能培养学生分析问题和解决问题的能力，并提高学生的创新能力，因而，教师在选择教材时一定要慎重。

2. 学生方面

（1）重视教材作用。教科书学生人人都有，重要的是能否充分发挥它的作用。以大学英语教学为例，大学英语教科书的编写原则有三个：综合性、实践性和通俗性。对学生来说，在课前要进行预习，找出自己学习的重点和难点；在课堂上要积极参与互动，在与教师和同学之间的互动中自学；在课后则要进行适当的练习，熟练和巩固相关知识点。

（2）积极大胆实践。互动型教学法强调培养学生实际运用语言的能力，而不仅仅是对英语基本知识的传授。它要求进行互动教学，学生如果不进行语言的实践是无法运用好英语的。因此，互动型教学法尤其强调学生要大胆开口说英语，不要害怕说错，要勇于在失败与错误中学会交际。为此，学生可以找几个同学或朋友一起积极开辟课外活动项目，这样既可以相互帮助、共同进步，还可以互动提醒，做到持之以恒。

（3）善于总结经验。善于主动学习的学生一般都有一套适合自己的学习方法，包括记忆单词、弄清语法规则、学习课文、交际会话等。对大学本科毕业生来说，其要达到的外语水平包括多方面，包括词汇量6 000个，全套基础语法，能借助词典看懂与专业有关的外文资料，能写简单的应用文和记叙文，能就日常常用专题进行交际，要有一定的修辞知识，会写简短的议论文等。对于这些具体要求，学生不一定都知道，但是有经验的学生会自觉将这些要求安排进每日的学习进程中，例如每天平均应该背多少个单词，或熟悉多少课文才算完成任务。因此，每个学生都应当不断地检查或检验英语知识量，并总结经验和教训，不断取得进步。

（四）互动型教学法的应用

互动型教学法是在教学过程中，通过教师和学生之间积极主动的双向交流，完成教学计划，实现教学目的的。互动型教学法尽可能地给学生提供操练的机会，注重提高学生的学习兴趣，更重要的是让学生消除消极被动心理，参与教学，进而加强学习的主动性和能动性，提高学习的效率。因此，互动型教学法的具体应用主要涉及其常用的教学方式，如"答问式""问答式""师生讨论式"等。每一种方式都有自身的特点以及特定的适用范围，因此教师必须有选择地加以灵活运用。这里我们对这三种方式进行分别论述。

1. 问答式

"问答式"就是由教师根据教学计划和教学内容的要求，事先设计出要学生理解的问题，由学生解答，教师做点评，以了解学生对所学知识的掌握程度，促进学生运用所学知识分析和解决问题能力的提高。教师在设计问题时，应注意难度适中，形式多样，并有针对性和启发性。

由于问答式是教师设计问题，因而需要学生认真预习所学的知识，并对已学过的知识及时复习，这样面对教师的提问才能有所准备。问答式要求教师能够准确掌握学生的学习情况，有针对性地安排教学内容，并及时改进教学方法，做到因材施教。这种方式还有利于提高学生的自学能力、实践能力和创新能力，进而调动学生的自觉性和主动性。这种方式在实施时需要注意的是，在学生回答错误时，不应讽刺挖苦，打消学生的积极性。教师应该多表扬，并且不根据标准答案决定学生回答的正误，只要学生回答得有理，就应当予以肯定，并鼓励学生的创造性思维。

2. 答问式

"答问式"是和"问答式"正好相反的方式，它是由学生就本节课的教学内容在课前充分预习的基础上，在课堂上向教师提问，由教师做出解答的互动教学方式。答问式一般适用于对英语基础知识的教学，它要求教师在课前规划好每节课的教学内容，并选好教材，同时指定好教材参考书，以便让学生充分预习。此外，答问式要求教师的知识面比较广，并且具有较强的口头表达能力和课堂组织管理能力。答问式不仅仅局限于"学生问，教师答"，也可以"学生问，学生答"，即学生提出问题，然后教师可以指定或是让知道答案的学生自愿回答。

由于答问式是学生对不懂的或是有疑问的问题进行提问，这样教师在课堂教学中能够突出重点，提高教学效率，并且提高了学生学习的主动性和积极性。教师在回答学生问题时应该深入浅出、言简意赅、并注意语言的规范性和生动性，同时还要善于控制节奏，不能在一个问题上耗时过长。由于这种方式是学生提问，因而要鼓励学生积极提问，并把学生的提问作为考核学生成绩的一个依据，从而调动学生的积极性。另外出于教学进度的考虑，对于与本课程无关的或在以后教学中会出现的内容可以简答或者不答。

3. 讨论式

讨论式是由教师预先设定讨论的题目和要求，并提出讨论的基本思路和具体要求，然后由学生分组讨论的教学方式。这种方式适用于与所学课程密切相关的有关社会热点问题，以及仍存有较大争议的问题。讨论式不同于问答式和答问式，更注重讨论，因而教师要参与学生的讨论。在讨论中，教师可以适时地提出意见，但不能过多地发表主张，以免影响学生的思维。在讨论结束后，教师收集各组的汇报并做出总结，在肯定结论中合理部分的同时，也要指出认识上的不足。讨论式有利于教师深入了解学生的思想，真正成为学生的良师益友，同时，还有利于促进学生关心社会、陶冶情操，提高其表达能力和协作能力。

教师在使用这种教学方式时，需要注意三个方面：首先是讨论的题目，讨论的题目要能够引起学生的兴趣，并与所学课程紧密结合；难度要适中，防止难度过小，学生不感兴趣，难度过大，学生产生退缩心理。其次是努力让每个学生都参与讨论，鼓励学生发言，多表扬，少批评，激发学生讨论的热情。最后是控制教学进度和讨论的方向，防止学生在某个问题上花费太多的时间或者偏离主题，以确保讨论的质量。

第二节　大学英语其他教学法

一、活动教学法

（一）活动教学法含义

活动教学法的中心词是"活动"（activities）。在外语教学研究中，"活动"并不是一个新奇的词语。然而，对"活动"进行系统的研究则是最近二三十年之事。如今"活动"已成为外语教学研究的热门话题。活动教学法堪称交际家族的后起之秀，是 20 世纪 80 年代中期以来的主流学派之一，是一种在活动教学思想的指导下，旨在克服传统教学中单一地采用抽象的符号形式学习的弊端，充分调动学生的多种感官和学习兴趣，把感知学习与实践融合在一起的教学方法。

（二）活动化教学的特点及作用

活动化教学是在教师有目的、有计划、有组织地指导下，引导学生积极、主动地参与各种外部操作活动，充分发挥学生的主动性、能动性、探索性，让其主动掌握知识和发展智力，以活动促发展。它具有以下特点：①让学生通过活动参与对所学知识的探索、发现与认识过程。②重视活动在学生发展中的作用。③重视学生与环境、材料的相互作用。④重视在学生活动过程中教师与学生、学生与学生间的交流。⑤重视学生通过活动来学习和发展。

活动教学法将英语与现实生活中的实际应用结合起来，创设具体生动的学习情境和学习活动，使教学成为学生英语知识、能力具体运用的一种实际尝试或"模拟"，学生通过参加活动，得到感性认识，经过反复上升到理性认识。这样，获取的知识不仅是准确可靠的，也是比较全面深刻的，更是切实有用的。

活动教学法不仅能培养学生的学习兴趣，激发学生的学习动机，还能培养学生的团结、合作、协作精神及社会交往能力。课堂教学在民主、平等、和谐、愉悦的气氛中进行，通过学生小组的学习、讨论、合作活动，强调给予学生充分的学习自由度。但增加自由度并非放任自流，而是指教师为他们提供各种外显的自主参与活动的条件，给予一定的开放时间和空间，让其自主活动，如讨论等，既有培养独立精神的个人活动，也有体现合作精神的小组学习活动。

此外，它能培养学生的创新精神和实践能力，促进学生认知结构的形成和发展。在活动教学中，教师通过创设与学生现实生活相关的问题情境，给出一定的材料、条件，让学生在自主参与的探究活动中，积极动口、动手、动脑，发展学生的创造性思维，培养学生探究问题的精神和实践能力。在活动教学中，教师主要是运用学生已有的认知结构来组织活动，使得学生在新的条件下能独立运用已学知识，因而有利于解决由活动动机向学习动机转化的矛盾，有利于学生用已知认知结构去整合外部的信息，并通过学习进一步调整和发展自己的认知结构，使其认知结构逐步得以完善和发展。

活动教学法还能使师生间形成多向信息交流，使学生的主动性、创造性得到充分发挥。以活动为中介形成的多边互动的立体交流网络，使得师生间信息交流呈纵横交错的立体结构，这样众多的信息传递通道确保学生的思维始终处于积极、活跃、主动的状态，因而有利于学生的主动性、能动性、创造性的充分发挥。

（三）大学英语课堂活动教学的原则

在实行活动教学的过程中常常会出现一些问题。主要是活动不到位，表现为教师设计的活动与教材脱节，与学生的水平不相符，与大纲培养听说读写技能和交际能力的要求相悖。活动不到位必然引起学生抱怨教师精心设计的活动"无意义""太难/太幼稚"或"学不到东西"，导致"活"而不"动"的局面。

参照澳大利亚提出的活动教学法八大教学原则，结合大学英语教学实践，有以下几点活动教学的原则值得注意：

（1）明确课堂活动的目的、要求、评价标准。

（2）课堂活动常用的组织形式多样化：个体活动、对子活动、四/六人小组活动和纵（横）排分组活动等。分组活动形式可以灵活多样，可按表演角色分组，按性别分组，按前后排分组，按同桌结对分组等等。具体操作时，几种方式交替搭配，灵活运用，避免单一枯燥、一成不变的训练形式。做到活而不乱，动而有序。教材是教学的依据，活动教学法并不是单纯强调把课堂搞得越热闹越好，而是必须强调教学的务实态度。

（3）活动的形式和内容要符合学生的认知结构和心理特点，活动的设计应稍微高于学生原有的认知结构。

（4）用好电教手段，特别是常规的电教手段。

（5）把真实的语言交际活动搬进课堂，为课堂活动增添新内容。

（6）"3MS"原则。意思是 management，monitoring，mainte-nancew。教师要管理课堂秩序，通过榜样示范、不点名提醒、个别交谈，保证良好的教学秩序；教师要监控活动进展，通过指导、纠正、参与，确保活动的顺利进行；教师还要维持提问、作业、评价，使学生养成积极主动地学习的良好习惯。

（四）课堂活动类型的设计

课堂活动类型设计包括情境建构式课堂活动、游戏类课堂活动、小组类活动、直观工具类活动和实践性活动。

1. 情境建构式（situated or anchored）课堂活动

（1）情境建构式课堂活动。情境建构式课堂活动强调学习必须在一定的情境下进行，通过以学生为中心的自我建构，达到对学习内容的掌握，促进其能力的发展。这种教学活动强调以学生为中心，教学环境设计要真实，以学生活动为主要手段。在外语教学中，情境建构式课堂活动通过情境设计将教材内容激活，引导学生进入角色，使学生身临其境，在智力、心理和身体几方面同时参与学习。

（2）情境建构式教学的教学原则。

①以学生为中心。情境建构式教学是以真实的情境为媒介，学生在情境中进行真实的活动，教学的主体是学生。所以，在教学中必须把握以学生为中心的原则。具体体现在：情境设计要适应学生的需求；教学过程以学生活动为主；教学结果的评估以学生在活动中的表现为依据。情境设计只是实现教学目标的途径，并不是目的。情境教学必须钟情于学生，这是情境教学设计的出发点。

②情境设计"真实"。情境设计的真实不是说教学过程中的所有环境因素必须是真实的，而是从教学实际（现有条件和教材的实际需求）出发的"优化"了的情境。优化情境有两个标准：一是耗费低（包括时间的耗费和物质材料的耗费）；二是效率高，可以采用多媒体手段，也可以采用挂图、插图、剪贴画、简笔画等手段。创设情境的关键在于了解学生、针对学生、启发学生。只有教师首先投入到所创设的情境中，才有可能有效地激起学生的情感，促使学生主动地，甚至是情不自禁地投入到教学过程中来。

③自主设计，充分活动。为了强化学生的主体意识，情境教学常常利用角色效应。大

学生已经具备了一定的英语语言能力和自主设计能力，完全可以自主设计角色、语言、情节。教师要解除对学生的控制，利用各种手段充分调动学生参与的积极性，让他们充分活动，展示自我。这样做的好处在于学生的创造能力得到充分的发挥；创造力的充分发挥有利于激发、强化学生的内在动机；学生的自主设计更贴近学生，有利于学生投入情境。但教师必须把握一点，所有这一切必须从教材语言出发，落实教材语言，即"语言——情境——语言"不断沟通结合，情境才不致虚设，才能达到情境为语言教学服务的目的。

（3）情境建构式教学的特征。

情境建构式教学的主要特征反映了现代教学论的基本观点。它具有如下特征：

①主体性特征。首先，情境建构式教学在教学观念上将学生看作教学活动的主体，强调学生是有独立人格与意识、有创造能力的个体。其次，在教学行为上，通过多方面创设教学情境，建构学生在教学活动中的主体地位，使学生真正成为学习的主体、发展的主体。

②实践性特征。现代教学特别关注教学主体的参与程度。教学实践活动，是学生作为认识主体，能动地探索和改造客体的活动。情境教学正是基于人的发展是在完成某种活动过程中实现的这一认识基础上，强调教学的实践性，强调学生的主体参与及自主活动。

③文化性特征。科学与人文是我们认识世界的一双"眼睛"，二者的和谐统一才能促进学生的身心和谐发展。情境建构式教学将外语学习的知识性、工具性和文化性相统一，有助于我们进一步揭示教学认识的文化性。

2. 游戏类课堂活动

游戏类活动可以把枯燥的语言学习内容趣味化、生动化。在英语课堂教学中合理地运用游戏类活动可以增强课堂气氛，使学生在"动中学"，在语言学习的同时，学生的运动智能、空间智能和人际交往智能都得到充分发展。如"打擂台""角色扮演""身体反应"等常见的游戏方式在英语教学中运用较多。

游戏使学生全身心动起来。游戏的设计目的是以轻松的方式呈现、教授、巩固语言知识，使学生在游戏的说说写写、比比画画中实现语言习得。大学英语课堂的游戏要融入更多的时代知识、思想文化和生活实践，否则无法满足学生提高自身素质的需求。

3. 小组类活动

小组类活动主要旨在培养学生的人际交往智能和语言智能。"故事接龙""小话剧""绕口令接力""电影配音""辩论比赛"等活动都能有效地使学生增强合作意识，开创新思维。

4. 直观工具类活动

英语教学中的直观工具类活动旨在培养学生对图片、实物、空间方位、色彩、形状等方面的感知能力。这类活动的侧重点应放在学生捕捉事物细节的敏锐性上，可以通过"口头作文"对实物或图片进行描述，也可以通过"导游体验"进行方位表述训练，还有"图表分析、才艺展示"等都是很好的活动形式。

5. 实践性活动

英语教学中可以利用环保与生态题材的课文，引导学生学习植物、动物和环境方面的知识，并联系实际采用就某一话题展开调查或讨论等方式开发学生的自然观察智能，培养学生洞察自然、适应社会的能力。该活动有"实地观察""社会调查""访谈模拟"等。

应该明确活动教学虽然是以学生为中心。但不是要把整个课堂活动都交给学生，教师依然是决策者。以学生为中心指的是教学活动要围绕学生的需要来展开。教材是脚本，教师是导演，学生是演员。教师的任务是把教材的内容"活化"给学生，即指导他们怎么说，怎么动。说得不好，加以纠正；动得不当，加以指点。真正动的是学生，他们要经过操、练、演，他们是演员，是舞台上的主角。活动教学法体现了我国乃至全世界外语教学发展的趋势。

二、双重活动教学法

"双重法"是运用马克思主义哲学观点、信息论、控制论以及交际论来审视外语教学过程及相关因素，在总结国内外外语教学经验的基础上提出的一种教学模式。它强调教学的实质是交际，最终实现把教师主宰的、单向传导的过程转变为由师生建立在平等尊重的基础上共同参与、双向交流的过程。

（一）"双重活动教学法"的教学原则

"双重法"的"双重性"是由我们对教学实质就是交际的认识所决定的。教学过程作为一个矛盾统一体，也像其他事物一样，具有双重属性，有向两个极端发展的倾向。揭示并处理好教学统一体中各种相互联系又相互对立的因素，才能把握教学活动的方向，确定活动效果的准则。"双重法"确认教学系统中有六个因素：教学目的、主体、客体、渠道、环境和交际。这些因素都分别具有双重属性，构成了"双重法"的"六项双重"：①教学双目的；②教学双主体；③外语双信息；④输入双渠道；⑤输出双环境；⑥交际双层次。

1. 教学双目的

所谓教学双目的，就是通过转变教学方式，组织情景交融的活动，培养学生的交际能力，提高他们的素质，使交际能力和综合素质相互促进、并行发展。在课堂的交际活动中，交际能力的发展和素质的提高是相得益彰、相辅相成的。

2. 教学双主体

教学双主体指的是发挥师生两个主体在教学过程中的作用。师生二主体的提出，既有别于传统的"传授—接受"模式中教师主动学生被动的做法，同时也反对以学生为中心，忽视教师主体作用的主张。这是"双重法"界定师生关系的准则。

"双重法"根据马克思的"主体是人"这一命题确定师生均是教学过程中的主体。教师作为主体，其对象性活动是学生学英语的规律；学生作为主体，认识的客体则是英语符号系统及其功能。教学过程是师生二个主体相互依存、相互作用的双向（师与生、生与生）的交际过程。强调教师的主体作用，除了在哲学层次认识的原因外，还由实践层次的因素所决定。我们从事的外语教学（TEFL）与二语教学（TESL）有着很大的差别。外语学习是在非目的语的环境中、主要靠在课堂上进行的，而二语教学则是在目的语的语言环境中进行的。两者在课堂内外的环境都有较大的不同。因此，在英语教学过程中，教师对教学内容的组织、对教学活动的设计、对学生参与活动的引导就显得尤为重要。教师主体的倡导对教学实践有指导意义。

3. 外语双信息

外语双信息包括信息的观念性和物质性。观念性指的是语言内部的规则，物质性则指的是实际使用语言的规则。学习外语不仅要重视内化语言规则（观念操作），也要加强语言使用能力的培养（物质操作）。认知应是观念操作和物质操作的相互结合，学习者应在循环交替操练、练习及使用上下功夫。

4. 输入双渠道

输入双渠道指的是外语信息是通过双渠道输入的，即外在刺激和原有的认知结构。输入双渠道主张一方面既重视外在语言的有序输入的重要性，同时又不把语言学习简单地当作习惯形成的过程。"双重法"认为学习是个体在自己已有经验、知识结构基础上，通过与外界刺激相互作用下产生的，是一个主动积极建构的过程。因此，"双重法"在设计教学活动时努力寻找学生原有认知结构和语言输入的最佳切合点。

5. 输出双环境

输出双环境指的是输出受到内部和外部环境的制约。内部环境指学生通过学习而建立的"信息库"，外部环境指运用外语于交际的人、地、时的环境。输入的内部环境和外部环境不是处于一种静止的状态，而是随学生学习的深入和扩展不断发展和变化的，反映出学习的阶段性特点。所以，输出教学活动的组织必须考虑到学生学习的阶段性。

6. 交际双层次

交际双层次指的是教学中的交际活动要在内容层次和情感层次的结合上进行。"双重法"体现了教学论中的"情知对称原理"，实现了教学中情感和认知两个过程的统一，克服了过去那种以认知为唯一目标的教学方法，反映了外语教学心理化、艺术化之必然。在这种情知结合的课堂里，学生的心理需要及人格得到重视和尊重，形成平等和谐的课堂气氛。

（二）"双重法"中的活动及其分类和组织

主体之间、主客体之间的相互作用总是依赖于某种中介才得以进行。那么联结上述教学过程的六个因素的中介是什么呢？"双重法"的答案是活动。师生二主体作用的发挥、语言信息的内化和外化、信息的输入和输出以及情知结合交际的进行等都要通过活动才能得以实现。反过来，活动的开展又必须遵循上述"六项双重"的原则。活动是个重要的概念，在"双重法"中的地位有如阿基米德的名言中"翻转地球的支点"，是改变外语教学方式的关键。可以说，没有活动就没有交际；没有活动，知识得不到很好的吸收，更没有知识向技能、技能向能力的转化。

"双重法"中的活动指的是有目的、有计划、有内容的行为。就其内涵来说，活动可以理解为"活"加"动"。具体说来，"活"包括三个方面：①把文字活化为话语；②把教材内容活化为实际生活；③把教学活化为交际。"动"也包括三个方面：①身体各个器官动；②认知结构动；③人的主体意识动。活动按信息加工流程，可分为输入活动和输出活动；按照听说读写训练过程阶段，可分为语言活动和交际活动；按课堂教学的一般程序，又可以分为呈现活动、练习活动与交际活动。

"双重法"中的活动过程一般有五个步骤：引入——启动——输入——加工——输出。引入就是以旧联新，激发学生的学习动机；启动指的是呈现新的教学内容，使学生在认知和情感上都进入积极的状态输入指的是学生通过听读、教师的教学讲解，接受语言信息；加工是指通过各种形式的练习，让学生重复、记忆教学内容；输出则是指学生结合实际运用所学语言进行交际。这些步骤环环相扣、相互交融渗透，组成一个比较完整的大活动，但每个步骤本身又可自成一个小活动。上述五个步骤并不是一成不变的教学程序，而是提供教师参考的教学过程的一般模式。在实际教学中，教师要根据学生的实际、不同的学习阶段以及教学内容，权衡轻重缓急，决定对这些步骤的取舍。"双重法"活动的精髓就在一个"活"字上。

"双重法"是在深入分析国外活动教学模式，并扬弃其不足、吸收其精华的基础上创建的。比如，"双重法"中对活动的分类、活动教学组织的五个步骤明显地是从平衡活动法借鉴改造而来的。这反映了"双重法"与以往的活动教学法传承的关系，但"双重法"不是国外任何一种活动教学法的翻版，也不是一种简单的继承，而是运用马克思主义辩证思维的方法，吸收相关学科的研究成果，并在深入考察二语和外语学习异同的基础上构想出来的。"六项双重"暗含了教学系统中的三个层次：①教学目的和教学主体层次；②教学客体——语言能力和语言运用的层次；③语言信息加工过程的层次。它体现了"双重法"作为一个体系的完整性。"六项双重"之间相容而不重复、相关而又独立，简练而明晰，对外语教学过程具有较强的解释力。

三、暗示教学法

暗示，是一种特殊的心理意识，它间接地影响着学习者的心理。暗示教学法是运用各种手段和方法对学生施加影响，使学生在轻松愉快、不知不觉中学到知识的一种教学法。

英语教学研究一直在不断地转变教育思想和教育理念，努力探讨各种教学方法。首创暗示法的洛扎诺夫发现用暗示法记忆学习材料，其速度比常规方法快25倍。这是因为暗示教学法利用情境因素组织教学，能使学生在轻松愉快的环境中接受知识。能有效地激发学生的学习动机，有利于非智力因素在教学中发挥积极作用，促进学生的发展，提高教学效率。

（一）暗示教学法的原则

暗示教学法的基本原则是广泛利用环境（包括教师）的暗示信息，利用人的可暗示性，发挥无意识领域的潜能。该教学法主张：暗示是个人和环境之间一个经常性的交流因素，倘若能达到"人——环境"之间的"共振"，人与环境间的不断交流就能达到最为和谐协调的境界。

1. 树立新型的师生关系

学生是认知的主体，是知识意义的主动建构者，教师只对学生的意义建构起帮助和促进作用。课堂上，必须建立教师和学生相互信任、相互尊重的关系，建立一种平等、互助、和谐、融洽的师生关系。只有这样，学生才能自觉地接受暗示，并从中获得知识、受到感染，产生相应的正情绪反应。

2. 创设愉快的课堂氛围

轻松愉快的课堂氛围是暗示教学法得以实施的保障。洛扎诺夫认为，人在清醒而放松的状态下，可暗示性和有意识的判断能力同时出现。诸多的事实也证明了这一点，心情愉快、心平气和、自信乐观等积极情绪能强化智力活动。相反，烦恼、紧张、害怕、反感、压抑等消极情绪，则抑制智力活动。英语教师应竭尽所能，积极营造一种轻松和谐的课堂氛围，消除学生对英语的恐惧感和紧张感，为学生主动接受暗示、开展英语学习做好准备。

（二）暗示教学法的具体运用

1. 设置适宜的音乐片段

音乐法是暗示教学法中最为常用的一种方法。学习者缺乏信心是最大的心理障碍对教学环境进行设计时，用音乐建立起无意识的心理倾向，能为学生创造宽松的学习环境，使学生在轻松愉快的学习中获得更好的学习效果。

2. 构建真实的问题情境

教学不仅要研究教师如何教，更要研究学生如何学，这正是人本主义学习理论所强调的教学过程——自由发展。教学过程就应该是让学生在安全的心理气氛中不断释放内在能量的过程，而自由发展是实现先天能量的最好条件。

学生在校园生活中会出现一些问题。教师要发现那些对学生来说是现实的，同时又与所学课程相关的问题，通过使用熟悉的智力或情绪例子，使课程内容对学生更有意义。

3. 开展丰富的游戏活动

在游戏中，学生可以放松大胆地展示自我，体验成功的快乐，树立自信。

（三）暗示语法教学

自直接法以来，外语教学界对语法教学是以明示还是暗示的方式进行就一直争论不休。暗示性（implicit）语法教学仍然是讨论的热点之一。

什么是暗示性语法教学呢？暗示法（implicit approach）强调学生学习语法时必须置身于有意义的可理解的语言环境中去，这样他们才能尽可能自然地习得目标语语法。在具体的教学上，暗示法采用的是归纳的方式，即由具体到总体，教师引导学生在具体的语言实践中和大量的语言材料中归纳出语言的规则。从表面上来看，明示法所采用的演绎性教学对学生来说相对容易些，其讲解方式容易为学生所接受，但有以教师为中心的嫌疑。暗示法所主张的归纳性教学显得难一些，要求更高一些，但教学活动更倾向于以学生为中心。

四、英语电影欣赏教学

英语影视教学，作为英语视听说课程的一种形式，在培养学生实际运用英语的能力，特别是听和说的能力方面，收到了很好的教学效果。这种形式直接把学生带入更加贴近现实生活的真实语言文化情境中去，有助于学生学到地道的英语，还可使他们领略到异国的文化风情，从而增长知识，开阔视野，发展能力。因此，英语影视教学受到了广大师生的热烈欢迎。

但在教学实践中，面对浩如烟海的影视资料，如何根据大学英语教学的目的与特点，有针对性地对影视作品进行选择和加工，使其发挥应有的作用，是英语视听说课教师的一个急需解决的难题。要解决这个难题，首先就要对影视作品的特点和作用进行一番分析。

（一）英语电影在大学英语教学中的作用

电影本身集自然与社会、文化与历史、科学与艺术、理想与现实于一身，融语言、音乐、美术等艺术形式为一体。电影是生活的浓缩,是人生的艺术再现。英语教学是一种语言教学,它包括的内容也丰富多彩,涉及生活中的方方面面。英语电影欣赏教学能将学生的注意力集中起来,把视觉和听觉调动起来,将单纯的言语描述转变为直观的语言交流,给学生创造语言环境,将英语学习衍变为一种自然的交流活动,让他们自觉地参与到英语教学中来,提高学生的学习兴趣和实际运用英语的能力。英语电影再现真实生活,有利于实现英语教学的最终目的。

在对学生英语听、说能力的培养过程中,要创造一定的听、说环境。听、说是一种语言交流,若没有一个语言环境,要想提高学生的听、说能力则很难。电影欣赏在英语教学特别是听、说能力教学中的应用,可以实现文字、图画、声音、影像的有机结合,创造一个立体的语言环境,为学生提供一个活动而真实的场景,使学生身临其境,让学生能够充分利用视觉、听觉的认知,产生对语言学习的兴趣,从而更加激发学生对英语学习的热情。

(二)电影欣赏在大学英语教学中的必要性

第一,教育现代化的进程使多媒体和网络辅助教学成为必然。电影教学以其集声、形、貌于一体的特点在英语教学中的运用正是英语教学改革的需要。

第二,它是学生认知心理的需要。学生在学习同样的材料时,如能同时使用视觉、听觉,比单用听觉学习效果好。在英语课程中利用优秀英语电影进行欣赏,能够激发学生的学习兴趣,提高学生的认知需求并巩固学生的认知成果,调动学生的视听器官和其他器官,达到最有效的语言学习目的。

第三,是创造性使用新教材的需要。使用电影欣赏来进行教学可以把讲英语国家的真实的语言环境引进课堂或给学生创造一个语言环境,使学生全方位地感受语言的刺激,很好地掌握语言知识,提高语言的应用能力。

此外,英语教学中应以学生的发展为宗旨,寓思想教育于语言教学中,在教学过程中有机地渗透爱国主义、社会主义和思想品德教育,帮助学生形成健全的人格和良好的品德。优秀电影欣赏能提高学生的审美情操,激发他们的爱国热情,培养他们独立的人格。

(三)电影欣赏课教学之现状及问题

应当明确,电影欣赏教学属于多媒体教学,其教学理念与技术有别于传统英语课堂教学。为此,教师在教学中应注意一些规律性的问题,以促进教学目标的实现。

众所周知,英语电影的语言所具有的自发性、无准备性、句式多变、直观性、语感较强等特点,为学生提供了真实的语言材料。英语电影欣赏课的开设是加强文化教学提高学生跨文化交际能力的有效途径。然而,不少大学英语并未把英语电影欣赏开设为必修课或选修课,只是在每学期安排学生欣赏一两部英语原版影片。相当多的教师对英语电影欣赏课的教研工作也不够重视,英语电影欣赏课的教学方法自然就没有得到应有的关注。另外,由于长期以来缺乏一套相对系统而科学的适宜英语电影欣赏教学教材,许多教师在教学各环节的安排上具有较大的随意性,课前没有作充分的准备,课中只是为学生从头到尾放映电影,不作任何讲解,也不组织学生进行任何相关的活动,课后也没有给学生布置相应的练习,更没有相应的测试手段来检测学生对英语电影的理解程度。不难看出,由于目前英语电影欣赏教学存在着上述问题,使得这一形象生动的教学方式未能在提高学生英语水平方面起到应有的作用。因此，有针对性地克服英语电影欣赏教学存在的问题，继而改进这一教学方式很有必要。

（四）英语电影欣赏课的教学原则

英语电影欣赏教学是培养学生运用语言及其相关能力的综合性训练方式之一。从相关的教学理论和教学实践来看，它应遵循以下原则：

1. 以树立正确的人生观与世界观作为教学影片选择的根据

大学四年是学生人生观与世界观形成的重要时期。正确的人生观与世界观包括：自信、自尊、正直、诚实、守信、乐观、协作精神、爱国心、责任心、对多元文化的宽容性、环境/生态保护意识等。英语教师应把这些价值取向作为选择影片的依据，充分发挥英语教学在素质教育中的作用。

2. 以培养学生的文化意识为目的增加文化导入的内容

文化教学是语言教学的一个重要方面。优秀的英文影片则是英美国家、民族特定时代文化的集中、形象的反映，因此，理应在英语电影欣赏课上增加文化导入的内容。

3. 以建构主义为理论指导组织课堂教学

建构主义的教育心理学理论强调以学生为中心，认为学生是知识意义的主动建构者，同时认为教师的作用应由知识的传授者、灌输者转变为学生主动建构意义的帮助者和促进者。在英文电影欣赏教学实践中，教师如果不加选择地把电影从头到尾呈现给学生，其间不作任何讲解，学生往往会因听不懂影片中的某个片段，进而失去继续欣赏电影的兴趣。因此，教师应当遵循建构主义的教学思想，紧紧抓住学生的注意力和兴趣，尊重学生已有的知识、情感及个性需求，一切课堂活动都要以学生为主体来进行。

4. 以输入与输出并重为原则

现代外语教学理论认为语言学习过程是输入（阅读、视听）——吸收（加工、记忆）——输出（说、写、译）的，过程。为此，教师不妨为学生设计一些课堂讨论的话题或课外作文。让学生在观赏完整部电影后将片中学到的表达方式运用到要讨论的话题与写作等练习中。否则，学生刚从电影中学到的大量习语、表达方式会随着时间的推移而遗忘，不能内化成自己的知识。

（五）选择影视作品应考虑的方面

在影视教学中，我们应当充分发挥其长处，尽量避免其不利因素。因此，只有通过对原版影视作品进行精心挑选和适当加工，才能在教学中发挥其应有的作用。

1. 关于影视作品的内容

选择影视作品时，就其内容而言，应针对学生的生理和心理特点，注意内容的思想性和时代性。可选取历年的奥斯卡获奖作品。选择时，要注意艺术欣赏和英语语言欣赏的结合。好的影视作品能使学生通过丰富优美的语言更深刻地理解其内容，从而陶冶情操，获得美的享受。

2. 关于影视作品的语言

在影视作品的语言方面，所选取的英语影视作品的语言应尽可能规范，语速要适中，作品应包含教学大纲和实际生活中经常使用的词汇。对于具备了一定的英语基础和听读实践的学生，所选的影视作品则应相应地增加难度，特别要注意选取一些英语原著或根据原著改编的具有文学欣赏价值和内涵深刻的作品。

3. 关于影视作品的字幕

在影视作品字幕处理方面，对于原版电影的字幕，历来有很大的争议。对于情节起伏较大、语言相对复杂、语速较快的影视作品，单纯依靠声音和画面，学生往往无法准确地把握作品的内容，谈不上理解和欣赏，甚至还会造成学生的紧张、畏难情绪，因而不利于他们产生学习兴趣和树立学习信心。但如果配有中文字幕，学生又会产生依赖心理。所以最理想的作品是配有英文字幕的影视作品。运用这种字幕可实现声、文、意、境四者的结合，能使学生更好地领会英语声、文信息两方面的含义。如果不能这样做，也可以选用中、英文双声道的影视作品，放映时可以随时互换，做到两种字幕相互参照和补充。

（六）影视作品的加工

1. 从作品中截取有关片段

在对英语影视作品进行了精心挑选之后，还需要对选定的作品进行适当的加工，从作品中截取有关片段。通常，一部影片的长度为120分钟左右，在教学时，再加上必要的讲解、操练和欣赏等，就需要大约五个小时。但通常英语视听说课的课时每周为二到四个课时。为了避免"面面俱到""囫囵吞枣"或者"虎头蛇尾"的情况，从作品中截取有关片段是非常必要的。

根据视听说教学的特点和学生的水平，可以从影片中截取适合进行听说训练的三至四个片段，其中每个片段要有一至两个相对独立的场景。

2. 对所截取片段进行精加工

对所截取片段进行精加工的目的是使其成为能独立操作与训练的单元。所截取片段应有利于在看电影中学习语言，有利于借助影视全方位地提高英语听力和口语能力。要达此目的，就要根据本片段的特点进行有针对性的教学设计。

需要注意的是，在对影视作品进行加工的时候，不应割裂作品的连贯性，不应破坏作品的欣赏性，所截取片段不宜过多、过细，要以学生的观赏和自学为主。

影视作品的选择和加工是英语影视教学中的一个关键问题。在这方面，教师应从教学目的、教学理念、学生的实际水平和需要，以及影视作品本身的特点出发，精心研究，不断探索，通过艰苦细致的工作，使英语影视教学真正发挥它特有的优势和作用。

（七）英语电影欣赏课教学之新设想

英语电影欣赏同其他语言电影欣赏一样，遵循一般电影欣赏过程的总规律。根据电影过程理论，电影欣赏包括准备、进入、共鸣性高潮、回味性延留四个阶段。因此，电影欣赏课课堂教学也应有相互衔接的四个阶段。

1. 准备阶段

一部电影上映之前往往要通过多种媒介的介绍、宣传、评价，以引起审美注意和审美期望。在心理学看来，一个人在言语的理解过程中，不应被动地接受言语信息，而应在已有知识的基础上对接收的信息进行加工。在课前，教师应首先把影片中所涉及的俚语、生词、表达方式等印发给学生，让学生熟悉它们的用法。教师还可就影片中故事的背景、剧中的明星及影片的大意，用英语作简要的介绍，并对影片中出现的俚语、重点生词、表达法进行适度的讲解，为学生即将进行的听力活动扫清障碍。欣赏英语电影与欣赏汉语电影不同，学生必须集中精力才能理解电影内容。教师也可就学生即将听到的某一片段设计出问题，让学生带着问题去看电影。这样，他们在看电影时就会集中注意力去发现那些与问题有关的线索。

2. 进入阶段

这是电影欣赏的实质性审美阶段。在这一阶段中，学生与影片交流感应，往返互通，学生往往被电影的审美幻觉所牵引。为了便于学生理解影片的内容，教师可在播放完一部分电影后，停止播放，针对刚听过的电影内容对学生提问、讲解，为学生继续欣赏电影打下基础。在这一阶段，教师应指导学生深入了解影片中的言语行为，如称谓词（其中包括尊敬、昵称、贱称、正规、一般），家庭成员及其亲属关系的概念，见面语（招呼、介绍、寒暄、道别），委婉语，价值观（禁忌语，禁忌话题如年龄、收入、婚姻状态等涉及个人隐私问题以及审美习惯）等。要求学生回答"What. did she. say?""Why so?"等诸如此类的问题。

活动开展的目的在于增强学生对不同文化背景下的各种言语方式的意识和敏感性，使学生不仅了解不同场合（语境）讲目的语的人会说什么，而且知道为什么这样说。

3. 共鸣性高潮阶段

在实际的欣赏过程中，学生往往伴随着情感的进入，随着剧情内容的发展达到共鸣。电影欣赏的共鸣，必须具备两个条件：一是艺术条件，二是社会条件。如果教师选择的影片既有较高的艺术价值，又能与学生心理需求相通，就很容易引起学生的共鸣，如《魂断蓝桥》《爱情故事》《简爱》《珍珠港》等。在这个阶段，教师应注意引导学生深入了解交际中的非语言行为。人际交流通过语言行为和非语言行为两种形式来进行。这两种形式反映了英汉两个民族在价值观念和行为方式上的差异。非语言行为同语言一样能交流信息、传达思想、表达情感或态度以及标示交际者的社会关系、社会地位等，如衣着、手势、声势、服饰、眼神、讲话时人与人之间的距离，对时空的观念以及日常生活方式等。

4. 回味性延留阶段

电影结束后，学生的头脑中仍然不同程度地保留着从影片中所获得的审美表象，这个阶段就是电影欣赏的延留阶段。它的一个显著特点便是观众继续对电影予以解析、破译、生发、玩味。从画面、色彩、光影、构图、声音、语言、时空结构以至导演、表演、美工、服装等各方面探讨其优劣。教师事先应就影片内容初步设计小组讨论话题（这些话题最好能引起学生的兴趣，有一定的争议）。在此阶段，组织学生深入探讨价值观及对事物的看法。借助于讨论，学生可以学会独立思考，从不同的角度去看问题，从而深化对西方社会某一社会现象的认识。利用话题引起学生的参与热情，正方反方各抒己见，学生将从电影中学到的单词、表达方式运用到了发言中。学生们的积极参与反映出课堂讨论这一形式在调动学生的积极性、启发他们独立思考并运用恰当的语言表达自己的思想等方面的确起到了良好的引导作用。欣赏课结束之后，可将电影台词分发给学生。课后，学生可以反复听电影录音，背诵某些精彩段落。同时，教师可把写作作为学生课后进行输出训练的主要方式，要求学生写出观后感或电影简介；组织学生开展电影片段朗诵比赛、表演比赛等。

此外，从教学实践来看，安排相应的测试可以促使学生重视英语电影欣赏课。由于开设这门课程的目的不仅在于提高学生对真实语言材料的理解能力，还在于提高他们的跨文化交际能力，因此，测试应包括两个方面：一是对学生语言知识的测试，二是对学生跨文化交际能力的测试。为达到这两个测试目的，可采用交际式语言测试。学生在听到电影片段的录音或录像后，按要求根据所听到的内容在给出的四个选项中做出选择。交际式测试的题项所涉及的是具体的、现实生活中存在的或与现实生活极其类似的活动或可能存在的情况。在答题时，不仅要求内容合乎语法，还需考虑内容在现实中是否可行，在语境上是否得体等。

英语电影中的语言来自真实的语言环境，文化内容丰富，不仅是学习掌握现代英语的理想工具，也是熟悉了解外国文化的很好材料。教师在授课时，应在培养学生的语言理解力的同时，培养他们的跨文化交际能力。由于英语电影涉及的词汇量大，内容广泛，语速快而不合乎规则，所以，要使英语电影欣赏教学达到预期的效果，教师不仅应是"语言通"，而且还应是"文化通"，才能真正提高教学水平。

第四章 大学英语听力教学理论

第一节 大学英语听力教学理论综述

一、听的定义

由于时期和兴趣点等方面的不同,国内外学界对"听"产生了不同的理解。听有四种取向,分别是建构型(constructive)、接受型(receptive)、转换型(transformative)和协作型(collaborative)。其中建构型的"听"是建构和表征意义的过程;接受型的"听"是将其看成听话人接收到发话人信息之后对其进行解码的过程;转换型的"听"是通过想象、参与、移情等方式来创造意义的过程;协作型的"听"是听话人与发话人磋商意义并做出反馈的过程。

"听"的关键在于口语,但它也受到其他声音和视觉输入的影响,所以听者需要凭借已知知识和上下文语境的经验来理解话语……。同时,"听"是一连串相关的处理过程,而不是单一的。这些处理过程包含分割语音、理解语调、分析句法、理解语境等,在很多情况下这些过程不会被听者自身所察觉。

尽管"听"和"读"均是信息输入的过程,但人们不能将"听"看成是阅读的听觉版,而应该从"听"的自身特点出发去安排教学活动,从而找出学生获取已得到的知识。

二、听的特点

(一) 短暂性

听力理解的短暂性是指所听到的信息是转瞬即逝的,不会返回。换句话说,发话人说的话都必须在说的那一刻被听者听到,否则一旦话语结束,那么就会立即消失得无影无踪。有人认为,发话人可以对刚说的话语进行重复,但是事实上这种重复只是说了与前面那句话同样的词句而已。因此可以说,短暂性是听力理解最本质的特征。这就要求学生在听力理解的过程中必须全神贯注,注意听取信息以及语境。

(二) 同步性

在听力理解过程中,"听"总是伴随着"说",二者是同步出现的。"听"的存在必然可以推断出"说"的存在,但是反过来就不成立。所以,"听"是建立在"说"的基础之上。这就要求听力教学应该注意"说"的内容和形式,以口语能力的提高促进听力能力的提高。

（三）即时性

听力的过程具有即时性，即它并不是一个计划好的事情，一般情况下是随机发生的活动。听力不可能进行事先的操练或者预演，这也很容易导致理解的困难。在听力教学中，教师同样要培养学生对这种即时活动的适应能力，在关注听力过程本身的同时学习听力技巧。

（四）情境制约性

既然"听"是日常交际的一部分，那么它必然以特定的时间、地点和状态为背景，这就形成了听力理解的情境。对交际双方语语的理解，不能仅仅停留在字面意义上，而是需要结合特定的情境。情景对话语的意义起着决定性的作用。在听力教学中，教师要培养学生对情境的敏感性，引导学生提高情景意识。

（五）听说轮换性

日常交际中的听话者同时也是说话者，因为人际交往是一个互动的过程。听说轮换性是指听者为了争得话语权或者自我表达而变成说话的一方。此时他们不是为了获得清晰的理解，而是在积极地参与语言交际。基于这一特点，听力教学应该结合口语训练来进行，让学生通过对话或者其他互动性的活动之类的口语能力的训练来促进听力能力的提高。

三、英语听力理解的过程

（一）自下而上

听力理解的基础是自下而上的解码过程。自下而上的解码过程主要有两个路径：一是听者要能辨认出话语中节奏单位的整体音位特点；二是听者要对句子进行片断解码。实际上，这两个过程几乎是同时发生，且互相影响的，所以可以统称为"自下而上"的意义解码过程。

单词是表示意义的最小单位，所以词汇辨认是意义解码的第一个环节。此过程将单词从连续的语流中析出，既有前瞻性，又有回顾性。称其具有前瞻性的原因是这一单词成了后面单词辨认的起点，根据句法知识与语义规则，听者会按照该词在认知层面上对语言信息进行预先处理；说其具有回顾性的原因是，单词辨析涉及对听者大脑中已有词汇知识的激活，将这一单词与词汇知识联系起来。

在阅读理解过程中，书面材料有视觉提示的作用，其可以帮助学生清楚地发现单词的组成、句子的长短、段落中的主题句以及段落布局等特点。但在听力教学中，学生是难以通过视觉获得这些信息的。词汇的辨认可以反映出学生的音位能力，具体有两种音位处理过程：察觉特征和划分节奏。

"自下而上"理解的第一步就是察觉特征。相关研究证实，在听力理解过程中，人脑中有很多特殊的神经元网络可以辨析输入信息的音频，从而达到辨别音素特点的目的。学生在学习母语的过程中，大脑中的一些神经元网络没能得到充分的利用，这些功能会在其成年之后逐渐退化，此时在语言理解中真正起作用的是能够辨析母语音频的神经元网络。该特征的显性表现是学生更容易辨认出母语音素，却难以辨认与母语不同的音素。

就英语这门语言而言，其语体系统原本就很复杂，有着连续、弱化、省略等现象，这就进一步加大了学生辨认英语音位特点的难度。

连读是在英语朗读中，如果前一个单词以辅音音素结尾，后一个单词以元音音素开头，就会自然地将这个辅音和元音连接起来而构成一个音节。连读的音节一般不用重读，只是自然地过渡。因为连读，听者就更加难以区分单词之间的界限，有可能会将前一个单词辅音和后一个单词连起来听成一个新单词，从而就造成误解。

另外，如果一个重读音节以字母 t 结尾，而其后的一个单词以元音开头，在朗读时 t 的发音似乎和音素/d/很接近。例如，在朗读 great ending, hit another, short answer 等短语时，字母 t 的发音都会有所变化。即使听者在英语口语中不运用这些规则，但是也要做到心中有数，这样有利于听力过程中的音素察觉。

除了察觉音素的特点以外，单词辨析还应进行节奏划分。节奏划分应该注意整体性的特征，要按照重音、节奏规则将听到的声音切分成单词，为词汇处理和意义构建做充足的准备。最优化理论具体指本族语者具备一种基本的对母语节奏进行切分的策略，语流有效地切分为不同的语法组块（grammatical chunks），然后切分成独立的单词。切分策略主要基于大脑中建立的"音位——词汇系统"与"音位——句法原则"。在学习母语的过程中，随着学习者语言能力的提升，各种策略的自动化程度会逐渐提高，具体表现是交际中对语流的切分越来越准确。

英语本族语者一般遵循如下两条切分原则：①有重音出现就说明会有一个新的实词产生，英语中大概有90%的实词重音会落在单词的第一个音节上，且包括单音节词；②语流中的每一个停顿单位中均有一个突出的实词项，可能是一个单词也可能是一个短语，而语流中大约每隔2~3秒会出现一个意义单位，其中的停顿就代表切分。

学习者在学习一门外语时，由于这些切分策略在学习者的母语中严重缺失或其与母语差异较大，所以会对目的语听力理解带来一定的干扰。然而，如果能结合恰当的听力训练，不管学习者是哪个年龄层的，其"自下而上"的语言处理能力都会得到显著的提升。然而，由于英汉语言之间有着较大差异，所以学习这门外语就有较大困难，体现在英语听力教学中就是学生对音素特点和切分策略感到陌生，所以教师应帮助学生掌握音位的特点，并辅以强化训练。在大学英语听力教学中，教师可以给学生安排重音辨别的练习，使学生理解词汇辨认的策略。如果学生的英语能力较强，可以选择较长的语篇让学生做重音辨别练习。交际语境越真实，学生更容易理解重音变化和节奏划分在语言中的重要性。

通过一定的训练，学生的英语水平会得到明显的提高，其辨别词汇重音的训练还可以结合一些较长的语篇展开，话轮转换的逐渐丰富，产生的交际语境也会更为真实，更加利于学习者理解和把握重音变化、语流切分在英语语言中的作用。

经过大量的重音练习，学生就能在听力理解中更为准确地把握说话者的意图。因此，从这一层面上说，"自下而上"的意义解码过程并非仅是对字面意义的理解，因为语言的形式与意义的匹配是同时发生的，既不可以脱离形式讨论意义，又不可以抛开意义只讲形式。

此外，对语篇信息进行"自下而上"的意义解码过程并不是仅关注具体信息，还应综合理解整个语篇的信息。在听力理解中，学生总是过分关注具体信息，所以导致他们仅能了解信息片断，而不会将这些信息综合起来，整合成听力语篇的基本意义。因此，英语教师应选择恰当的材料，根据学生的特点设计并开展从整体上理解语篇意义的活动。

(二) 自上而下

"自上而下"的意义阐释过程即学习者凭借记忆系统中存储的有关周围世界的常识或已掌握的知识，推理或判断讲话者已经说过的内容，并预测说话者将要说的内容。学习者大脑中已有的知识系统是由多个互相连接的结点存储在记忆中的。在听力理解中，学习者在接收语言信息的输入时，通常会仅依靠听到的某个单词，即可激活与该词相关的结点网络，如相关的词汇、意象及概念等。学习者已掌握的知识及图式的方式储存在大脑的记忆系统中。相关统计表明，一个正常的成年人的记忆系统中有上百万个图式。并且，这些图式并非一成不变，而会随着新输入的语言信息和知识量的增加，在新旧信息之间会形成逻辑或符号上的联系，旧的图式就会被新图式所取代。因此，图式的不断建立既是学生理解输入信息的前提，又是对信息进行补充和丰富的过程。

当然，补充与丰富的过程也很容易导致对交际者本意的曲解，如当学习者听到 turn 一词时，就会激活很多与其相关的图式，如 turn a corner（转过街角），turn over a page（翻过一页），turn pale（变得苍白），turn writer（成为作家）等。因此，只有当学习者在依靠并使用 turn 的上下文的信息进行意义构建时，才能准确地推断出其搭配。

同样，这种意义构建也适用于句子层面，如果学习者凭借句子的字面意义就推断出说话者的意图，将会产生片面的理解。学习者大脑中已有的知识，如果与这一句子有关的全部话题，均被激活，这些被激活的信息对句子的字面意义理解将会产生补充或纠正的功能，使学习者作为听者认真考虑该句子与其所在语境之间的关系，从而可以准确地理解这一句子。

但具体到英语教学中，由于英汉语言系统有着较大差异，学生作为听者，其大脑中的图式一般会与英语本族语的说话者的图式有不匹配的情况。然而，英汉语言毕竟属于不同语系，语言的差距极大，所以概念体系中的差异要大于相似之处。如果学生没能建立起与英语本族语者对应的概念系统与行为模式，那么就很难理解本族语者的语言及行为，更难以产生情感上的共鸣或回应。

有研究表明，学生对实词的理解将利于激活其大脑中的图式。如果学生能够掌握日常对话中约90%的实词，就很容易顺利地完成听力理解的任务。

然而，一些心理学家认为，在真正的听力交际活动中，短期记忆中最多能存储5~9个信息项目，一旦超过了这个极限，就会在理解和整合新信息时遇到阻碍。要想克服听力理解中的各种障碍，听者可以采用如下几个策略。

(1) 在交流过程中，如果有不解或疑问，或者要求对方进一步澄清意义，可以用停顿表示。

(2) 运用"自上而下"的推断，结合自身的尝试或已有知识，建构一个利于理解的交际场景或结论，使未知信息得到合理解释。

不管是"自下而上"的意义解码过程，还是"自上而下"的意义阐释过程，均可能为听者提供重要的信息。一些研究者认为，低水平的英语学习者无法从整体上把握整个语篇的意义框架，仅能理解其字面意义，所以其听力过程主要倾向于"自下而上"的意义解码过程。还有研究者指出，经验匮乏之水平较低的英语学习者，其通常只能根据常识、语境及上下文来获得听的信息,所以其听力活动更倾向于"自上而下"的意义阐释过程。

实际上,不管是水平高的英语学习者,还是水平低的英语学习者,他们都会根据语境获取信息,只是使用的目的有所不同。高水平的英语学习者运用预警获取信息,主要是为了丰富和补充自己对语言文字的理解,而低水平的英语学习者则将注意力放在了理解语言符号细节上,却不能从广泛的层面把握语言符号的意义。

在日常的英语听力教学中,教师要意识到"自下而上"的意义解码过程与"自上而下"的意义阐释过程是互相依赖、相互促进,且共同构成了听力理解的过程。

(三) 自下而上与自上而下相结合

通过以上论述可知,英语听力理解主要有两个过程:"自下而上"的意义解码过程(学习者对语言符号的快速反应能力)和"自上而下"的意义阐释过程(学习者基于大脑中已有图式知识推理或判断说话者已说的内容,预测其要说的内容,从而实施恰当的交际行为)。然而,在日常的英语听力教学中不难发现,仅仅依靠"自下而上"的意义解码过程或者是"自上而下"的意义阐释过程是远远不够的,而应该将二者结合起来,从而保证学生在听力过程中能够更加流畅和准确。

"自下而上"与"自上而下"是相互促进、相互依赖的,共同构成了听力理解的过程。如果要分辨出哪些是解码活动,哪些是阐释活动,这是很难做到的,并且即便分清了,这对听力教学效果也没有多大意义。在英语听力教学中,重要的是能够找出学习者在听力学习中出现障碍的原因,其到底是由哪一个层面引起的。以及当这两个层面出现矛盾或者不一致意义解释的时候,不同的学习者会选择哪一种层面来对听力信息的意义进行判定。

对于初学者而言,听力的重点过程应该是在"自下而上"意义解码的过程,因为这一阶段学生能够理解听力材料的字面意义,从而能够听懂发话人所要传达的信息,也可以给自己带来一定的满足感和自信心,从而激发听力学习的兴趣和积极性。另外,由于初级阶段的学习者对于意义阐释这一实践很难达成,所以教师在设计听力教学任务时,应该注意两点:一是初学者的注意力会放在听力文本的语音、词汇句法上,往往无暇顾及意义的建构;二是受英语水平的影响,初学者的听力文本对语境(或上下文)的理解往往可靠性差。

而对于高级学习者而言,听力的重点应该转移到对意义的阐释过程上来,即"自上而下"的意义阐释过程。由于在初级阶段的英语学习过程中,学习者很容易对字面意义产生障碍,所以这一阶段学习者应该将新旧知识结合起来,再结合语境的作用,以弥补初级英语学习阶段的不足。

四、听力理解的相关因素

(一) 生理因素

1. 说话者语速

说话者语速对听的影响主要通过说话者的说话速度与听话者接收声音并加以处理的能力间的错配关系来体现。一般情况下,大多数人对声音的"思考速度"要比说话速度快上3~4倍。因此,当受话者对说话人的内容十分熟悉或感兴趣时,受话者对说话语速与思维速度间的错配关系的感知度便低。但当听者对所听内容感觉陌生或缺乏兴趣时,听者对所听到声音的处理速度就会变慢,因而说话速度与思维速度之间的这种错配关系就会十分明显。

在一些情况下,受话者对声音的接收和处理速度甚至低于说话的速度,这样就会造成逆向错配。例如,说话者的声音很低,或是说话方式不正常,听者在心理上就会产生听跟不上说的乏味感觉,这时逆向错配的情况就会发生。

2. 听者对所听语言的熟悉程度

听者对话语的熟悉程度也对听力的效果有着直接的影响。通常来讲,听者在听母语时,由于自身非常熟悉母语的语言规则、语法结构,因而很容易对即将出现的后续话语和信息做出预测。但是当交际环境是外语时,受话者对其熟悉程度要远远低于对母语的熟悉程度,因此对话语信息的预测值降低,这时大脑对信息的处理速度变慢。尤其是当所听内容中涉及新词语、新概念时,听者的思考速度会明显下降,从而产生跟不上、听不懂的现象,听者也就难以预测即将出现的新信息。

3. 听的注意广度

听力的注意广度指的是听者在听力中集中注意力的持续时间。正常而言,人们在听力中注意力高度集中的时间约为15~20分钟之间,稍后注意力不断降低。经过一段时间的休息,注意力会再次集中。这就是说,听力中听者的注意力曲线为"升—降—升"的变化模式。

根据这一听力特点,英语教学者在听力教学的过程中,应把握好学生的听力注意广度变化模式,科学、有效地安排听力教学的重点,从而保证听力教学的效果。

4. 听者的元认知策略与认知策略

(1) 元认知策略。元认知因素是影响听力学习的重要因素之一。听力学习中的元认知策略主要包含三个层面,即计划策略、监控策略以及评估策略。

①计划策略。计划策略是指在听力活动开始前,学习者制订听力活动的目标、步骤、过程。具体到某一项听力任务来说,计划策略不仅包含确立该任务的目标、采用何种方法完成任务、何时开始和结束、选择何种材料等,还包含对听力的重难点问题的预测。这一过程具体表现为以下三点。

A. 制订学习计划。学习者学习计划的制订一定要从自身的语言水平出发,具有针对性和可行性。因此,学习者需要清楚认识自己的听力水平,知道自己的强项和弱项,同时按照指定的计划予以执行。如果在执行过程中发现某些计划存在着缺陷,应该立即找出原因并做出及时的调整,以免出现费时、低效的情况。

B. 选择注意对象。听力实际上是一个十分复杂的心理过程,它包含感知、分析、运用三个基本阶段。听的过程是非常短暂的,因此在人们头脑中形成的记忆也是短时的,也不会在人们的头脑中留下什么印象,只有经过记忆加工才能转化成长久的记忆,储存于人们的大脑之中。因此,在面临一项听力任务的时候,一般会应用到选择注意策略,将听的目的作为基础,对进入大脑的信息进行严格的筛选和过滤,进而对这些信息进行编码、储存和加工,从而提高听力的效果。

C. 选择恰当的听力材料。这一点往往被学习者所忽略。很多学习者认为,听是被动地接受信息输入的过程，甚至个别学者认为只要是大量的听就一定能够提高自身的听力水平。这两个观点都是错误的，实际上听是一个创造性思维过程，对听力理解的程度高低往往是与学习者是否主动参与有关，而学习者能否主动参与是由听力材料的选择是否恰当决定的。在听力材料的选择上，学习者一定要选择适合自己听力水平的内容。如果选择的听力材料过于简单，对学习者来说就缺乏挑战性，因此会丧失学习的积极性；如果选择的听力材料过于困难，学习者就会浪费更多的时间，而且很容易丧失听力学习的信心。同时，学习者还需要明确的一点是听力练习并不是为了考试，而是为了以后实实在在的交际，因此在材料选择上应该更贴近于真实的生活，从而实现最终的听力学习目标。

②监控策略。监控策略是指学习者在听力学习过程中，以学习目标为出发点，对学习的方法、进程、执行情况等方面进行监控。在听的过程中，一定要保持注意的指向性，因为只有这样才能将自己的注意力集中于听力内容上，这对实施监控是非常重要的。

另外，监控听力的一个重要和常见的手段就是记笔记。通过记笔记，学习者不仅可以加深对听力材料的理解，还可以方便之后的分析和总结。但是在实际的操作中，大多数学习者经常会出现记录过程中漏听的情况，这反而不利于集中注意力，因此如何才能有效地边听信息边记笔记是目前监控策略实施的关键。

记笔记的时候学习者只需要记录一些重点的信息，没有必要逐字逐句地记录，这样可以节省很多的时间。同时，人们常会利用缩写的形式来记录，这个并没有统一的规定，只要记录的内容自己看懂即可。

③评估策略。评估策略是听者对一项任务完成之后或者一段时间的听力情况进行反思的过程。在这一过程中，听者会客观评价材料选择的难易程度、计划的完成情况以及完成的效果等方面，同时也会回顾一下自己在听力方面获得了哪些进步以及发现了哪些不足，然后分析这些不足的原因并找出解决的策略。可见，听者能否对自己的听力情况做出有效地评价，是能否提高听力能力的关键。

（2）认知策略。在听力过程中，听者可以采取一定的认知策略对接收的语言信息进行积极的思考和再加工。听力中的认知策略主要有猜测、预测、判断、推理等。

当听者对交际主题或语言熟悉或感兴趣时，便能容易地理解和把握说话人的意图，也就是我们经常所听到的"言外之意"。反之，当听者对交际主题或语言不熟悉或不感兴趣时，就可以使用相关的认知策略进行推理和判断。因此，听者听力过程中认知策略的使用也对听力的顺利进行有着重要的影响作用。

例如，在具体的听力情境中，听者可以根据说话人的年龄、身份等猜测话语主题；同时也可以根据说话内容、场合等判断说话人的身份，进而对其说话观点和态度进行判断。了解了认知策略对听力的重要影响作用，教师在听力教学中便可以有意识地培养学生的听力策略使用能力。

（二）心理因素

听力效果在一定程度上还会受到听者心理因素的影响，主要表现在其听力的积极性、假听、情感因素三个方面。

1. 积极性

在听的过程中，听者的积极性是决定听力效果的首要心理因素。相关研究表明，听者心理上的积极参与状态能有效激发相关的生理机制。缩小听与说之间的速度差,增大其自身新信息处理过程中的注意广度和记忆广度,取得更好的听力效果。而听者消极的参与状态则会直接影响其注意广度,进而影响信息的接收和处理速度,导致听力效果低下。

2. 假听

假听(fake listening)是一种潜意识行为,也就是我们通常所说的"思想开小差""走神"。当听者对说话人的内容不感兴趣或注意力不集中时,就会分散自身的注意力。从表面上看,听者还维持着听的状态,但是此时听者的注意力已经不能集中,因此听力效果自然不会好。

需要指出的是,假听是一种双重行为。一方面听者要维系着听的状态,另一方面又要去思考其他的内容。根据听者假听的影响,在听力教学过程中,教师应该对学生的假听行为进行区分,从而有效避免学生出现这种情况,在最大程度上保证听力教学的效果。

3. 情感因素

焦虑、自信心和动机等情感因素是一种心理因素,它制约着学习者对语言的习得,直接影响学习者听力理解程度的高低。在实际的听力训练中,有很多学生,由于词汇量和语法知识比较薄弱,限制了其听力能力,在听力课上听不懂,学生就会产生紧张、焦虑等情绪,而这种情绪会使他的心理语言活动过程受到抑制,思维变得迟钝,听力水平失常。因此,如果教师能够创造轻松活跃的课堂气氛,激发学生的学习兴趣,使学生处于一种较为轻松、兴奋的情绪状态之中,充满信心、轻松愉快、毫无心理压力地去听,就能最大限度地发挥与提高学生的听力水平。

五、大学生学习听力的意义

(一)听力是学生生活中不可缺少的活动

听力活动是人类生活中重要的感官之一,也是人们日常生活中重要的组成部分。听可以使我们从亲朋好友、陌生人、电视新闻、电影音乐那里获得信息或心灵的慰藉,使我们可以顺利地进行人际交往,实现各自的目的。可见,听力活动是人类生存与发展的必须技能,自然也是大学生学习英语必须掌握的技能。

(二)听力学习直接影响学生的口语学习

听与说是相互依存、互为统一的。听力学习对口语学习的影响主要体现在如下几个方面。

(1)没有听,说就无法进行,口语技能也就得不到锻炼与提高。

(2)听是语言输入的一个重要途径,学生很容易将听到的内容内化以后再输出来,这就提高了口语表达的准确性和流畅性。

(三)较高的听力水平能满足国际交往的需求

在传统的英语教学和学习中,听力均未得到应有的重视,这从听力测试中所占比例以及学生重读写、轻听说的现状中就可以看出。然而,随着世界各国联系的日益紧密,国家间的交往越来越频繁,人们在工作、生活中和外国人的交往频率也日益增加,而听作为口头交际的第一个环节,其重要性不言而喻。因此,学好英语听力对推动国际交往,促进交流合作有着重要的意义。

(四) 听力学习利于巩固学生的语言知识

听力学习活动可以有效促进学生所学语言知识的不断内化和巩固，从而利于构建知识体系。听的过程是一项十分复杂的信息处理过程，此过程必然涉及对语言信息的理解和输出。学生通过听力理解活动，既提高了听力水平，还实现了新知识的构建，掌握了语言规则和内容。因此，可以说听力学习的过程就是"学生理解、学习和构建新知识的过程"，听力学习活动是"实现学生知识构建的有效手段"。

(五) 提高语言运用能力

听力学习活动是促进学生综合语言运用能力的有效途径之一。作为语言输入的一种重要方式，听力学习活动既能引导学生对英语语言的声音符号信息进行辨别，又能使学生展开积极思考，对语言信息进行重新组合，更好地理解所学的语言知识，同时提高语言学习效率，最终实现语言运用能力的发展。

第二节 大学英语听力教学策略

一、大学英语听力教学模式策略分析

由于深受传统教学模式的影响，很大程度上，教师在教学中只是遵循着固定而又呆板的教学模式：先放录音，再做题，之后给出答案。这种传统教学课堂因为呆板的组织而显得枯燥乏味，教师成为教学的主体，学生基本处于被动状态，师生之间缺乏感情沟通和知识信息的交流，课堂气氛枯燥，学生的主动性没有得到应有发挥，致使教与学在很大程度上脱离，极大地影响了听力教学效果。因此，教师要勇于尝试新的教学模式，灵活选择使用。

(一) 交互式教学模式

1. 交互式教学模式概述

交互式教学模式也称互动式教学模式，是指通过营造多边互动的教学环境，在教学双方平等交流探讨的过程中，达到不同观点的碰撞交融，进而调动教学双方的主动性和探索性，强化教学效果的一种教学方式。

交互式教学模式是一种适应时代的教学理论和策略。区别于传统教学法中以教师为中心，学生被动参与学习的模式，交互式教学法是以学生为中心，让学生积极主动地参与组织教学的各个环节，参与教学活动的全过程，真正成为教学活动的主体，与此同时还要注意发挥教师在教学中的主导作用，实现教师与学生、学生与学生的双向交流与互动。简言之，它是旨在建立以教师为主导，以学生为主体，在师生、生生，以及人与多媒体之间通过"互动"方式组织起来的一套英语教学法。"互动"是两个或更多的人相互交流思想感情，传递信息并产生相互影响的过程。目前流行的交际英语教学理论的核心就是交际能力培养必须具备"互动"这个性质。交际能力培养强调"互动"的重要性，是因为人类在各种背景下使用语言的目的就是"传递"信息，简单地说，是把自己头脑中的信息传递给另一人，反之亦然。

2. 交互式教学模式的必要性

交互式教学模式的中心是"交流",课堂教学最重要的形式也是交流,没有课堂交流,课堂教学就没有实施条件。有效的课堂交流是达到教学目的的前提。从信息交换的角度来说,教师和学生之间的信息交流是双向的,他们之间存在着大量的信息交流。针对现在大学英语听力中依然是传统的以教师为中心的课堂的现状,实施基于交互式教学法的大学英语听力教学模式是非常有必要的。交互式教学模式将传统的"以教师为中心"的教学模式转变为教师引导、学生积极参与、师生之间良性互动,"以学生为中心"的教学模式,即教师在教学过程中是作为参与者而非整体的控制者,它注重了师生的协作互动,提高了学生的教学参与性,从而提高了大学英语听力课的教学效果。

3. 交互式教学环节

交互式教学模式在听力教学具体实践过程中,应分成听前准备、课堂训练、听后总结三个关键环节。

①听前准备。如果听者事先知道他将做出某种反应,他会立刻带着目的去听,并且他知道会听到什么样的信息以及如何去反应。在听每段材料前,教师应该和学生充分交流,了解学生感兴趣的话题,进而让学生寻找和准备相关的材料,储备一些与该话题相关的词汇。在课堂上,教师可根据学生准备的情况提问,针对这些问题让学生进行自由讨论。这些可以看成是听力训练前的热身。通过"热身",一方面学生对将要听到的内容会有了大致的了解,引起学生的兴趣,通过相互交流,提高学生的积极性,使学生更好地融入课堂;另一方面展开了师生、生生之间的互动,活跃了课堂气氛,促进教学效果以及培养学生语言交际能力。

②课堂训练。交互式教学模式强调教学的互动,以及从传统的以教师为主的教学模式转变为以学生为中心的教学模式。在课堂训练前,经过热身阶段的师生交互活动便可以正式的开始听力技能训练了。首先,为了不破坏语篇的完整性,可以整体先听一遍材料,让学生对材料有一个大概的掌握;其次,第一遍听完之后,可以叫学生结合热身阶段的讨论对所听材料进行一下评价,评价是引导学生深入理解材料的好方法,然后要回答其他学生就材料理解进行的提问;最后,由教师进行正确与否的评判。这样既锻炼了学生的逻辑归纳能力,又实现了生生、生师之间的互动。在互动中,学生还可以总结出一些适合自己的听力技巧或策略。在该过程中,学生充分参与教学活动,成为教学的主体,而教师在此过程中除了充当指导者外,还可以是学习的共同参与者和合作者。

③听后总结。听力活动结束之后,教师应对学生的任务完成情况给予及时反馈。在反馈过程中,教师可以先让学生们评估自己的任务完成情况。反馈完后,教师要对所听内容进行巩固,首先对所听材料中的词汇、基本句型和习惯表达进行总结;然后可根据实际情况,对所听材料进行角色表演和分组讨论,通过语言的再次学习,更好地理解和掌握所学知识,从而促进学生语言的实际运用能力。

(二)文化导入式教学模式

1. 化导入式教学模式概述

文化导入式教学模式是一种通过引导的方式让学生主动建构语言与文化知识、促进英语综合运用能力的相对稳定的操作性框架e该模式主张教师在一定的教学环境中,根据教学大纲、教材和学生实际，运用正确的方法对学生进行积极引导，激发他们的思考与想象，促进学生主动进行内部心理表征的建构，从而培养学生对文化差异的敏感性、宽容性以及处理文化差异的灵活性，提高学生综合运用英语的能力。该模式在教学内容上注重文化概念与思考方式的引入，突出相关文化内容，在教学形式上注重学习主体作用的发挥，同时也要求教师积极发挥主导作用。

2. 文化背景知识导入的方法

（1）适时培养学生对文化背景知识的敏感性。为培养学生对文化的敏感性，教师要充分利用教材发现问题，培养学生从文化角度来审视问题的根源，提高他们发现目的语文化现象的存在和这一文化与母语文化之间相符相悖的敏感性。例如在对待一些文化知识和反映文化的词语表达上教师不能简单地介绍，要多问几个为什么，在备课时准备充分的资料，让学生在中英文化对比中了解异国文化，逐步培养学生对中英文化差异的敏感度。

（2）利用词语导入文化背景知识。词语包括单个的词和短语。语言的各种文化特征都能在词语中展现出来。教师在教学中应适当地导入听力材料中具有一定文化背景知识的词语，让学生充分理解其文化特征与内涵。以习语为例，有这样一句材料：You′d better know that only work no play makes Jack a dull boy。这句话中没有一个生词，但学生却不能理解这句话的含义，从而导致做题的失误。事实上，only work no play makes Jack a dull boy 的意思是只工作不玩耍，聪明孩子也变傻。

（3）听说并重，增强文化理解力。要想真正提高听力水平，必须强调听说并重。教师可以根据不同的材料通过复述、问答及根据听力组织对话、进行小品表演等形式对学生进行听力检查。这既可以加深学生对有文化内涵知识的掌握，又可以提高学生的听说能力。例如，关于个人空间和称呼的一段材料中，由于材料本身涉及西方文化知识。教师可以采取复述并进行动作表演的方式进行教学，这不仅加深了学生对听力材料的理解，又提高了学生对文化背景的认知程度。

（4）借助视听媒介导入文化。教师应发挥多媒体的优势，充分利用电影、电视、幻灯等资料进行辅助教学。因为这些媒介是了解西方文化的有效手段，是包罗万象的文化载体。学生可以在观影中直观、真实地了解西方的民族文化、社会习俗、交际方式、价值观念等文化内容。

（5）延伸教学空间，拓展英语文化。教师可以采取布置任务的方式，让学生提前查阅与所学单元相关的文化知识，并让学生以幻灯片形式展示成果，使学生在参与中增强信心和成就感。同时，鼓励学生课后大量阅读介绍英美文化的书籍，这既可获得语言知识，又可深化学生对文化差异的了解，从而提高学生的听力水平。

（三）视听说结合式教学模式

1. 视听说结合式教学的必要性

音像结合的教学手段比任何一种教学媒体都更能全面而真实地展示语言。它能刺激控制形象思维的大脑右半球和控制抽象思维的大脑左半球同时发挥作用，并参与吸收知识的活动。心理学对人类记忆特点的研究表明：单靠视觉记忆，其效率为27%；单靠听觉记忆，其效率为16%；视听并用其效率为66%，而不是二者简单相加的43%。在我们大脑的记忆活动中，形象信息的记忆要比语言文字信息的记忆牢固得多，在提高大学英语听力教学质量方面存在很大优势。视听结合，使学生处在耳目一新的教学环境当中，在视觉和听觉的双重刺激下接受语言信息，在这种环境中启发学生说英语的欲望可以达到事半功倍的教学效果。

无论是在外语教学中，还是在真实的言语交际中，听和说都是密切相关、不可分割的。听是凭借听觉器官对言语信号进行意义建构的过程，是理解言语的技能；而说则是借助语言外壳通过发音器官将思想转换成具有句法和语音结构的言语信息的过程，是言语表达的技能。口头表达能力的提高必然会促进听力技能的提高。教师应尽可能地为学生创造练习口语的机会，将听与说有机地结合起来，以听说结合的方式切实提高其听力水平，从而改变现有的听音画钩，单纯以获取信息为目的的教学现状，保持外语习得过程中的输入与产出的平衡。

视、听和说三者在听力教学中有着相辅相成、互相促进的关系。集文本、图像、声音于一体的多媒体能及时为教学提供生动有趣、灵活、方便、实用的学习和实践的空间，使学生置身于一个真切实际的英语学习世界。选择难度适中、题材广泛、内容风趣、语言清晰规范的视听材料，并灵活性、创造性地调整和补充教材内容，通过视觉、听觉双重刺激，把听和说结合起来。要求学生理解所听内容，并且要做出积极反应进行口头练习，视觉效果有效刺激听觉能力，口语练习有效促进听力理解。不仅能锻炼学生的英语思维能力，还有助于提高记忆力，有利于知识的获取和记忆，达到运用英语、实践英语的目的。

2. 视听说结合式教学环节

通过视听说结合的方式，可以解决英语教学中的"质"的问题，通过指导学生按照粗略观看、仔细听解、口头讲述三个步骤来完成从语言输入到输出的过程。在粗略观看阶段，教师根据视听内容，利用图片、实物、背景知识的介绍和单词的讲解等形式进行巧妙地导入，让学生对视听材料的大体内容有所掌握，为下一步教学做好铺垫。在仔细听解阶段，不仅指导学生进一步明确整段话语的大意，更要把焦点放在语言材料本身，要求学生能够回答具体的细节问题，甚至区别细微的语音现象。在讲述阶段可以采取如问答、复述、谈论话题、讨论、情景对话、描述、角色扮演等多种形式，对视听材料有选择地进行再现、借鉴或者创造。以上三个步骤可以根据教学的实际需要，有重点、有目的地进行练习。

教师在课堂上的主要任务是示范和指导学生如何采用视听说结合的方法，按照以上三个步骤，克服听的过程中出现的来自语音、语言和文化等方面的困难，促进语言知识的使用和内化。教师在语音材料与学生之间充当媒介，帮助学生将听力内容同已有的知识技能有机地联系起来。采取灵活多变的方式进行课堂主体教学，由浅入深，由易到难，循序渐进，营造良好的学习环境和氛围。根据学习材料的主题和内容的不同而进行精心的设计，充分发挥多媒体声图文并茂的优点，采取文字、图片、音乐和短小视频的形式，激起学生的学习兴趣。在听力训练的过程中，教师不可一味地唱"独角戏"，除了要向学生提供必要的背景知识、语言知识和听力技巧来帮助学生理解外，应该设计出形式多样的活动使学生参与到教学之中，对视听材料进行模仿和拓展，充分发挥学生的想象空间。和学生共同融入听力训练中，注重倾听个体学生的答案和解释，给予适当的提示和指导，尤其是多给予积极的肯定和鼓励。

二、大学英语听力训练策略

（一）选择多样化的听力材料

在选择听力材料时，教师既要结合教学实际的需要，也要结合学生现有的能力和兴趣，还可以让学生在课堂上以英语游戏的形式参与活动，循序渐进地进行练习，让学生既在乐中学，也在玩中学，最大限度地挖掘他们的潜在能力，发挥他们的主观能动性。

丰富的课堂内容，比单一的听力训练更能激发学生的学习兴趣。兴趣是最好的老师，有了兴趣，英语学习就是一种享受，自然会事半功倍。传统听力教学长期采用单一的教学模式：放音、练习、对答案，过于依赖教材，听力内容单调乏味，无法激发学生的学习兴趣和热情，因此在课堂材料的选择上，应充分考虑学生的兴趣、心理状态、当下热门话题等。

在多媒体教学环境下的今天，教师可以播放英文电影、教学情景对话、英文歌曲或某个明星的演讲，甚至 VOA，BBC 新闻练习听力，通过增强听力内容的趣味性、时效性，适当引入一些流行元素，提高学生的英文水平。英文电影作为一种直观、形象、生动的方式，越来越受到学生的青睐。英文电影有吸引人的剧情，让学生身临其境，有些情节非常具有趣味性，影片中的英语不再是死气沉沉的、让人望而生畏的语言，而变成妙趣横生、充满生机和活力的实践。

每周增加一点这些内容，并在人机对话中让学生学唱英文歌曲，进行英文电影配音，这将大大提高学生的英语学习热情和积极性，从而使其在轻松愉悦的氛围中提高英语听力水平，并且对提高学生的口语表达能力也非常有帮助。

（二）加强文化背景知识介绍

随着英语听力教学的不断深入和发展，文化背景知识的导入愈来愈受到重视。每个民族都有自己独特的文化背景和风俗习惯，如果不熟悉西方英语国家的文化背景知识，不懂得用西方思维方式来理解英语语言，就会给英语学习造成很大的障碍，学生就会很难理解某些听力材料或是产生误解，有时学生可能已经听清楚每个词了，却不能完全理解整个句子或是整篇文章所要表达的意思。在大学英语听力训练中，介绍文化背景知识是十分重要的。从下面几个文化背景知识对听力的影响就可以看出。

1. 民俗习惯

随着国际交往的进一步发展，越来越多的中国人知道了一些西方节日，但是因为不了解西方文化，往往不知道这些节日的起源和发展。例如有一篇关于 Boxing Day 的听力材料。Boxing Day 译为节礼日，是每年的圣诞节次日或是圣诞节后的第一个星期日。关于节礼日的起源存在争议，一种被广泛认可的说法是雇员在圣诞节后的第一个工作日会收到雇主的圣诞礼物，这些礼物通常被称为"圣诞节盒子"（Christmas Boxes）。另外一种说法是牧师将在这天打开功德箱，将里面的捐款分发给穷人。节礼日现在普遍被认为是购物日，因为在圣诞节过后的第一天，一般商家都会推出减价活动-如果学生并不了解有关节礼日的文化背景，就会误以为是拳击日，是打架争斗的日子。

2. 思维方式

不同的民族有着不同的思维方式，对待同一事物的看法也会有所不同。比如在时间观念上中西方就存在差异。在赴约时,中国人会提前到达以示礼貌,而美国人则更注重要准时到达。如果迟到,让人等候,显然是不礼貌的,可去得太早也不好。因为主人要收拾房间,准备饭菜,如果去早了,主人还没有准备好,又要出来接待你,就会造成很多不便。所以在一些非常正式的场合,守时就显得更为重要,一旦去早了,最好在外面等几分钟再进去。在这样一道听力题目中:

What is considered polite for guests according to the American culture?

a. To arrive on time.

b. To arrive about 5 minutes early.

c. To arrive about 5 minutes late.

如果学生了解中西方对于时间的不同理解,很容易就能选出这道题目的正确答案。

3. 法律制度

在不同的国家,法律法规、制度政策等都会存在着很大的差异。如果对于这些差异不是十分了解的话,就会造成听力理解上的障碍。例如有一篇讨论私人持有枪支是否合法的听力材料。中国公民私自拥有枪支是违法的,而美国公民则可以。如果了解这两个国家在法律规定上的差异就会更好地理解这篇听力材料了。再如在一段关于交通法规的听力对话,其后有这样一道题目:

What could happen if you park your car by a double yellow line?

我们知道关于交通法规中的一些标识语各个国家是有所不同的。如果知道在英国"a double yellow line"表示"No Parking",这道听力理解题目就很容易解决了。

4. 生活习惯

在不同的文化背景下,各个民族的生活方式及礼仪习俗必然有所不同。了解了这种生活习惯上的差异有助于更好地理解听力材料的内容。例如有这样一道听力理解题目:

What would your English host think if you finish your food at a dinner party?

a. You would like some more.

b. You had a good appetite.

c. You didn't quite like the food.

d. You had enjoyed the food.

按照中国人的习惯,在做客时不要吃光所有的东西,要留一点表示你吃饱了。而在英国客人要吃光自己碗碟中的东西表示你很喜欢主人为你准备的美食。知道了这一点生活礼仪上的差异,这道题目也就迎刃而解了。

(三) 播放听力材料前的提示

在给学生上听力课时,教师不能只是给他们放录音带,也不能只给他们解释一点词汇或者短语,而是应当用已有的与材料相关的知识来引导学生。比如,老师可以用简短的讨论进入主题,让学生根据听力题目或者预先给的一些暗示来猜猜听力的内容,从而帮助学生理解所要听的材料。通过这些方式,可以让学生对将要听到的内容有所期待,也从心理上进入一个准备阶段。

更为重要的是,要给学生一个可选择的任务与目的。没有一定的目的,学生将处在一片黑暗之中,当他们努力地想记起一切的时候,事实证明到最后他们什么也想不起来。所以，应当尝试在播放听力材料之前给学生一些问题，或者要求他们挑出两到三个要点，或者给出听力过程中的主要步骤。设计一些有特点的与主题相关的任务，摒弃无关的信息。有时候材料过长的话，可将材料分割成几个部分，根据不同部分的内容提一些相关的问题。如果材料有一定的难度，可先用简单的语言来表述，但是切记不能说太多或者自己将材料重复地跟学生叙述。否则，学生将可能因此而对材料失去兴趣。同时，也可以培养学生在听听力材料的同时做笔记的能力，在听听力材料之前给学生一些相关的问题，这样一来学生就更有目的性，效率也会提高。用这种方法，学生就不会遗漏材料中的一些要点和细节，同时，这种方法也有助于学生理解较长的听力材料。

（四）教会学生抓住重点

通常，学生们喜欢把材料里的每个单词都理解清楚。事实上，不同的听力材料在不同的语速下，大部分学生特别是听力能力不是很好的学生，想听懂每个单词基本上是不可能的。对于这些学生而言，要把每个单词都听清楚并弄懂它的含义，往往可能会顾此失彼，赶不上听力内容的速度，只能抓住其中的部分意思。甚至有的学生由于过于纠结于某个单词的意思而错过了听力材料的大部分内容，得不偿失。所以总的来讲，只要学生能把听力材料的重点，即能帮助理解材料的内容听懂并理解就可以了。一般来说，一篇材料里的诸多新单词并不会影响学生理解全篇大意。所以教师应当经常提醒学生要听重点，根据问题留意某些细节就可以了，教会学生如何抓住听力材料的重点。

（五）精听与泛听相结合

精听是指"精确听力练习"，要求学习者在听力练习中捕捉到每一个词、每一个短语，不能有任何疏漏和不理解之处；而泛听则要求学习者在听力练习中以掌握文章的整体意思为目的，只要不影响对整体文章的理解，一个词，一个短语甚至一个句子听不懂也没关系。

精听的练习方法如下：

第一遍精听。这个时候一定要全神贯注、专心致志、心无二念、一心一意！以篇章为单位，听完一遍之后，试试看能回忆出多少刚刚听到的内容。这个阶段只要求回忆大意就可以了。如果可以回忆出来那最好，如果有问题的话，就再听一遍，直到可以回忆出来为止。在这个过程中，要注意检查自己，是不是能听到发音类型，听到的生词多不多，语速是不是过快或者过慢，能不能听到一篇文章或对话中句子之间的逻辑关系。

在精听第一遍的时候要达到的效果就是：回忆出大意。

精听第二遍。第二遍要达到的效果是：复述原文。有了第一遍的基础，再听一遍。还是以篇章为单位，一遍一遍地听。听完一遍，暂停，然后张嘴出声的复述自己刚刚听到的内容。接下来就是用自己的话概括一下文章的大意，不用精确到具体的时间地点数字（这些是下一阶段的任务）。

精听第三遍。第三遍的精听就是细节听力。与前两次不同，这次听的时候，要适当地用笔记记录下来一些细节，比如说时间（昨天还是今天？早上还是晚上？几点？哪年？哪月？哪日？星期几？）、地点（哪个国家、哪个城市、哪条街、哪个巷、几号门牌）、人物（名字、关系、年龄、职业、爱好、特长），以及文章中具体描述那件事情的一些细节，还有，如果有列举的成分在，一定要努力列清楚所有的条目。听完一遍后，看着自己的笔记，试试看能不能把这个文章讲出来。不仅仅讲大意，还要讲细节。其实，这个过程就叫作"笔记辅助复述"。就是越是能详细的复述出原文越好。

　　精听和泛听可以结合练习，如某一篇文章中有几段可以用精听的方法练习，在练习的过程中准确无误的听到某些细节性的信息，有几段可以用泛听的方法了解文章的梗概。

第五章 大学英语口语教学理论

第一节 大学英语口语教学理论综述

一、大学英语口语教学理论概述

(一) 建构主义理论

大学英语口语教学需要有话题支撑,教学的过程需要老师和学生的交流和协作才能进行,学生的主体地位十分突出。建构主义教学理论在大学英语口语教学中具有很强的适用性。

建构主义是认知结构学习理论在当代的发展,它强调学生的巨大潜能,认为教学要把学生现有的知识经验作为新知识的生长点,引导他们从原有的知识经验中"生长"出新的知识经验。建构主义认为,学习是在社会文化背景下,通过人际间的协作活动而实现的意义建构的过程。

1. 知识观

建构主义者一般强调,知识并不是对现实的准确表征,它只是一种解释、一种假设,并不是问题的最终答案。而且,知识不可能以实体的形式存在于具体个体之外,尽管我们通过语言符号赋予了知识一定的外在形式,甚至这些命题还得到了较普遍的认可,但这并不意味着学习者会对这些命题有同样的理解,因为这些理解只能由个体基于自己的经验背景而建构起来,它取决于特定情境下的学习历程。学生对知识的"接受"只能靠他们自己的建构来完成,以他们自己的经验、信念为背景来分析知识的合理性。学生的学习不仅是对新知识的理解,而且也是对新知识的分析、检验和批判。

2. 学习观

建构主义者认为,知识不是通过教师的传授获得的,而是学习者在一定的情境即社会文化背景下,借助其他人(包括教师和学习伙伴)的帮助,利用必要的学习资料,通过意义建构的方式获得的。学习是个体建构自己知识的过程,这意味着学习是主动的,学生不是被动的刺激接受者,他要对外部信息作主动的选择和加工,因而不是行为主义所描述的刺激—反应过程。而且,知识或意义也不是简单地由外部信息决定的,外部信息本身没有意义,意义是学习者通过新旧知识经验间反复的、双向的相互作用过程建构而成的。其中,每个学习者都在以自己原有的经验系统为基础对新的信息进行编码,建构自己的理解，同时原有知识又因为新经验的进入而发生调整和改变，所以学习并不简单是信息地积累，它也包含由于新旧经验的冲突而引发的观念转变和结构重组。学习过程并不简单是信息的输入、存储和提取，而是新旧经验之间的双向的相互作用过程。

3. 课程观

建构主义者强调，用情节真实、复杂的故事呈现问题、营造解决问题的环境，以帮助学生在解决问题的过程中活化知识，变事实性知识为解决问题的工具；主张用产生于真实背景中的问题启发学生思维，并以此支撑和鼓励学生解决问题的学习、基于案例和项目的学习，进而以此方式参与课程的设计与编制；主张课程既要基于学科，又要超越学科，面向真实世界，从而使教学始于课堂，走出课堂，融于社会。

4. 教学观

建构主义者强调，教学通过设计重大的任务或问题以引导学习和支撑学习的积极性，帮助学习者成为学习主体。建构主义学习环境由情境、协作、会话和意义建构四个要素构成。其中，情境是意义建构的基本条件，教师与学生之间、学生与学生之间的协作，以及会话是意义建构的过程，而意义建构则是建构主义学习的目的。

5. 学生观

建构主义者强调，学生并不是空着脑袋走进教室的。在日常生活中，在以往的学习中，他们已经形成了丰富的经验，往往会依靠他们的认知能力，形成对问题的某种解释。而且，这种解释并不都是胡乱猜测，而是从他们的经验背景出发推出的合乎逻辑的假设。所以，教学要把学生现有的知识经验作为新知识的生长点，引导学生从原有的知识经验中"生长"出新的知识经验。

（二）输入输出理论

1. 输入理论

输入这种教育教学理念在外语教学与研究领域一直受到广泛关注。作为语言习得的前提和必要条件，学者们就其在语言习得过程中的地位进行了论述。在关于输入的众多理论研究中，最具影响力的是美国学者 Krashen 在 1985 年提出的"输入理论"①。Krashen 在其"输入理论"中指出，可理解性输入（Comprehensive In-put）是二语习得的唯一条件。"可理解性输入"指的就是整体难度不超出外语学习者的基本能力和理解范围，但又稍稍高于学习者的现有水平的语言输入，用公式表示就是"i+1"，"i"代表学习者目前的知识水平和能力，"1"代表略高于学习者目前知识水平的语言知识，"i+1"表示学习者习得后略高于原来水平的语言能力。Krashen 认为只有提供给学习者高于目前语言水平的可理解性输入，语言的习得才得以发生。对于"i+1"的知识内容，学习者根据具体语言材料提供的情景则能自然而然的习得语言，语言能力的提高也因此自然而然的发生。

可理解性输入应具备几点特征：

（1）可理解性。可理解性的输入是产生语言的前提和要素，不可理解性的语言对于语言习得是毫无用处的。为语言学习者提供的语言材料及创造的语言环境应是可理解性的，只有这样学习者才能根据自己的现有语言水平有选择性的获取新的语言知识，从而推动语

---

① 刘建海．（2015）．Krashen 语言输入假设理论述评．教育现代化：电子版（14），2.

言能力的进一步提升；

（2）非语法性。语言材料和教学内容的安排没有必要按照语法要求编排，这样做的目的是帮助学习者把注意力放在具体语言使用环境中的语言交流上，避免学习者把注意力过度集中在语言形式上的安排；

（3）关联性。用于输入的语言必须要与学习者有一定的关联性，只有这样，学习者才能够在相关背景知识的帮助下自然而然的习得语言；

（4）充足性。对于学习者语言知识的输入只要充足并且高于当前语言学习者的语言水平，只有充足的高于现有语言水平的输入才可以促使习得的产生。

2. 输出理论

输入理论认为可理解性输入是语言习得的唯一条件，至于输出，只是输入的自然结果，对语言习得没有直接作用。针对 Krashen 提出的语言"输入理论"中的不足，著名语言学家 Swain 提出了"输出理论"。输出理论是他采用法语对于以英语为母语的学生开设的语法课程时提出的。他指出，学生在进行外语学习的过程中经常会犯一些语法错误，这种现象出现的原因并不单纯是学习者的语法基础，另外一个通常被教育者忽视的原因是课堂上老师绝大多数时间都在进行输入式的教学，学生很少用目的语言进行交流，教师反馈也不成系统。Swain 的输出理论认为，语言的习得不仅需要输入，输出也是必不可少的一个环节。可理解性的输出不仅可以锻炼语言学习者的流利性，对于提高学习者的语法准确性也有重要意义。

可理解性输出对于语言的习得具有三种功能，分别是：引发注意功能，验证假设功能和元语言功能。

（1）引发注意功能：输出理论认为，在学习者进行目标语输出的过程中，会注意到自身的语言问题和目标语之间的差距，这种注意引发学习者进一步有意识地思考和认知，语言输出的准确性得以产生。

（2）假设验证功能：语言学习者在习得的过程中首先对目标语的语言形式和结构形成假设，然后以输出为形式对于假设进行验证，随着反馈的产生，不断进行修正，进而形成新的假设，假设验证功能循环进行，语言习得随之产生。

（3）元语言功能：元语言是指学习者所具有的目标语知识的总和。输出过程中，学习者的反思和分析，激发了其对目标语的内在认识，以语义为基础的认知逐渐过渡到以语法为基础的认知，输出在整个过程中扮演了元语言功能。

3. 输入输出理论对于大学英语口语教学的启示

（1）完善可理解性课堂输入。学生在口语表达中遇到的最大问题通常是无法用现有的语言知识表达自己的观点和想法，究其原因是语言输入太少，输入量不足，无法促进输出。Krashen 指出了可理解性输入对于语言习得的重要意义。大学英语口语教学改革的首要任务就是完善和加强可理解性的课堂输入。

根据输入理论的要求，提供给语言学习者的输入须是可理解性的，因为根据输入理论，只有可理解性的输入才能有效促成语言习得。因此，英语课堂上的语言输入首先需符合学生的实际语言水平，根据学生现有水平进行输入材料的选择，因材施教，输入材料既要符合学习者的现有水平，又要在一定程度上超出学习者目前的口语水平，这样的输入更有针对性。高校扩招使得学生的口语水平参差不齐，而完善的可理解性课堂输入能够有效解决这一问题。

另外，丰富的输入材料对于输入是必不可少的。Krashen 的"i+1"公式明确指出高于学习者目前水平的输入量的必要性。多种多样的阅读材料和听力资源都是输入的有效途径，教师可以不拘泥于教材，向学生推荐一些知识性、趣味性、前沿性都很强的阅读听力资源，如可以让学生阅读英语报纸杂志，观看英文电影和电视节目，收听英文广播等，这样能让有效的补充课内输入单一性的不足，让接触到地道纯正的英语表达，让学生通过课内外输入尽可能多的语言知识，以促进口语输出的产生。

(2) 多种途径推动语言输出。根据 Swam 的输出理论，可理解性输入之后，大量可理解性输出对于语言习得起着关键性的作用。对于大学英语口语教学来说，形式多样、行之有效的口语输出方式至关重要。对于口语输出来说，轻松愉悦的课堂氛围是非常必要的，教师要为学生营造一种轻松的无压力的交流氛围，充分考虑到学生的个体差异，重视对于学生的鼓励和自信心的培养，使学生在宽松的课堂环境中进行有效的口语输出。

传统的大学英语教学实践中，教学模式以"填鸭式""满堂灌"等单一语言输入方式为主，大学英语口语课堂改革中，教师应不断探索多样性输出形式，力争在有限的课堂时间之内，提供给学生更多的输出机会。分组讨论，做报告，辩论，故事复述，图片描述，定题对话，英文歌曲比赛，短剧表演等课堂活动都是很好的培养学生口语表达能力的输出方式。在学习者输出的过程中，他们在特定语境中意识到自己目前的语言水平与目标语之间的差距，充分引起学习者的注意，推动学习者进行语言输出，并在输出的过程中不断验证假设，促使学习者不断完善本身的语言结构，从而达到语言能力的习得。

(3) 完善英语口语测试体系。测试是输出过程中的重要环节，比较一下我国现行的各类语言类测试，我们会发现现行英语考试中，英语口语测试并没引起足够的重视，极大限制了英语学习者口语水平的发展。对于现行影响力最广的中考、高考、大学公共英语四、六级考试、专业英语四、八级考试，都没有对于口语的考察环节（即使个别考试有口语测试的环节，也只是针对极少数成绩较高的同学而设置的测试）。现行英语考试设置对于口语测试部分的忽视，无疑会把绝大多数大学英语学习者的学习重点引向阅读或者听力、写作，而忽视了口语表达的重要性。

输入输出理论作为语言习得的全新视角，在如何加强教师与学生之间、学生与学生之间的互动，如何提升学生的学习动机和积极性，如何设计以输出为目的的教学活动等方面都具有重要的启发性作用。如果将输入输出理论应用到英语教学实践和改革中，完善可理解性的课堂输入，并且探索多种途径推动学习者的语言输出。输入输出理论作为一种全面的视角和教学思路在大学英语口语教学改革及整个大学英语综合教学模式探索方面都有一定的启发和借鉴作用。

(三) 二语习得理论

1. 二语习得理论概述

第二语言习得（Second Language Acquisition/SLA，简称二语习得），通常指母语习得之后的任何其他语言学习。人们从社会学、心理学、语言学等角度去研究它。第二语言习得研究作为一个独立学科，大概形成于 20 世纪 60 年代末 70 年代初，已有 35 年的历史。

它对第二语言特征及其发展变化、学习者学习第二外语时所具有的共同特征和个别差异进行描写，并分析影响二语习得的内、外部因素。与其他社会学科相比，二语习得研究是个新领域，大都借用母语研究、教育学研究或其他相关学科的方法。概括地说，这一领域的研究是为了系统地探讨二语习得的本质和习得的过程。其主要目标是：描述学习者如何获得第二语言以及解释为什么学习者能够获得第二语言。

2. 二语习得理论的研究

早期的第二语言习得理论是教学法的附庸，为提高教学质量而服务，但是随着时代变迁，第二语言习得理论有了自己的研究领域而开始成为一门独立的学科。现时的第二语言习得研究涉及三大领域，即中介语研究，学习者内部因素研究和学习者外部因素研究。

自 20 世纪 70 年代以来，人们对二语习得从各个不同的方面进行了研究，所运用的研究方法也各具特色。有的研究侧重于描写，有的研究偏重于假设，有的研究则采用实验。20 多年来，第二语言的多侧面、多方法的研究格局导致了该领域中的理论层出不穷。比较著名的二语习得理论有：乔姆斯基的普遍语法与二语习得、克拉申的监控理论和二语习得环境论。

在 20 世纪末影响最大、最引人关注的二语习得理论当数克拉申的监控理论（Monitor Theory）。他把监控论归结为 5 项基本假说：语言习得与学习假说、自然顺序假说、监控假说、语言输入假说和情感过滤假说。克氏认为第二语言习得涉及两个不同的过程：习得过程和学得过程。所谓"习得"是指学习者通过与外界的交际实践，无意识地吸收到该种语言，并在无意识的情况下，流利、正确地使用该语言。而"学得"是指有意识地研究且以理智的方式来理解某种语言（一般指母语之外的第二语言）的过程。克拉申的监控假说认为，通过"习得"而掌握某种语言的人，能够轻松流利地使用该语言进行交流；而通过"学得"而掌握某种语言的人，只能运用该语言的规则进行语言的本监控。通过一种语言的学习，我们发现，"习得"方式比"学得"方式显得更为重要。自然顺序假说认为第二语言的规则是按照可以预示的顺序习得的，某些规则的掌握往往要先于另一些规则，这种顺序具有普遍性，与课堂教学顺序无关。"输入假说"是"监察理论"的核心内容。克氏认为，学习者是通过对语言输入的理解而逐步习得第二语言的，其必备条件是"可理解的语言输入"（comprehensible input）。只有当学习者接触到的语言输入是"可理解的"，才能对第二语言习得产生积极作用。"情感过滤假说"试图解释为什么学习者的学习速度不同，最终达到的语言水平不同。学习者所接触的可理解输入的量以及他们的情感因素对语言习得同样产生重要影响。情感最终影响语言习得的效果。

3. 二语习得应用的阶段

二语习得在实际的语言学习过程中包括四个基本阶段：第一阶段为沉默期；第二阶段为英语语法干扰期；第三阶段被称为学术英语提高期；第四阶段是学习曲线上升期。

根据前面所述的二语习得理论及具体的四个阶段可以看出，克拉申的二语习得理论对语言教学有着重要的启迪作用，确实为第二语言习得的研究和教学开辟了一片新的领域，使第二语言的教学有了长足的进步，而由克拉申自己开创的自然教学法也取得了很好的效果，直到今天仍然很盛行。首先，语言是交流的工具。克拉申的整个理论是建立在"语言是交流的工具"这一基础上的。习得和学得的区别是前者是潜意识的学习过程，后者是有意识的学习过程。前者是以"规则"为判断基础，后者是以"语感"为判断基础。从根本上说，语言是交流的工具而不是规则、语音和词汇的组合。中国学生和教师都熟悉我们传统的语言教学模式，通常我们的每一节课都会以教授和练习某一语法结构为目的，这一语法结构掌握了，就会开始下一个。事实上，我们应该"先要交流再要语法"。只有把交流看作教学的重心，语言教学才会成功。其次，输入第一，输出第二。在语言学习中，听、说、读、写四种技能很难被分开，所以也很少有人去考虑哪个更重要。克拉申则强调只有在有了足够的输入，学习者感到已经准备好了的时候，输出才会自然出现。在接触了足够的输入，积累了足够的语言能力后，输出会自然出现。克拉申认为可理解的输入是提高语言能力的唯一因素。最后，语言课堂的气氛应该降低情感过滤因素影响。情感因素会妨碍或促进输入到达语言习得机制。所以，语言学习的课堂气氛应当有助于降低学生的情感因素的妨碍作用。

在这里，作为大学英语口语教学当中角色之一的教师就要发挥好指导作用。教师的首要职责是创造一种宽松的课堂氛围促进语言习得的效果。教师的主要任务是鼓励学生，提高学生的语言学习兴趣。无论他在课堂里做什么，教师都应该能够激发学生的兴趣，降低学生的情感过滤因素的妨碍作用。在教学的不同阶段，教师可能会担当不同的角色：

（1）提供输入材料阶段，教师就是提供信息者。这一阶段是语言学习最重要的阶段，教师将是舞台的焦点，通过各种手段向学生提供可理解的足够的输入材料。

（2）练习阶段，教师将是导演和现场督导。在此阶段，轮到学生说话，教师要像经验丰富的导演那样进行指挥和组织，并起到督导的作用保证活动的顺利进行。

（3）输出阶段，教师将是经理和导游。在这一阶段要善于鼓励学生，使学生保持兴趣。同时，作为大学教师，还应该要注意在课堂的教学活动中不要过分要求输出，在开始阶段应允许学生用单词、短语，甚至断句来回答，循序渐进；语法虽然是英语学习的基础，但在口语的教学活动中，对语法的纠正应该被局限在最低的程度，毕竟有意识的语法应用无助于语言能力的提高；教师应当积极主动，多以鼓励和辅助为主，这样才有助于提高学生在口语学习中的学习动机、增强学生的自信、降低学生的焦虑不安。

二、大学英语口语教学的特点和目标

（一）学英语口语教学的特点

1. 教学内容的特点

英语口语教学的内容是广泛的，它不仅包括在口语课上教学生如何说，而且还要从教学内容、教学安排等方面保证学生在课下都有大量的口语实践机会。因此，教学内容的广泛、可延展性是英语口语教学的一大特点。教师可以有计划地组织安排各种训练活动，把训练学生听、说、读、写、译等各项能力有机地结合起来，根据不同阶段，不同的练习目的和主题采取诸如朗诵、辩论、演戏、配音、口头作文等多种形式，把握适当的难易度，巩固学生的基本功，使教学内容成为一个可伸缩的，知识性、趣味性并重的系统。

另外，英语口语教学也是拓宽知识、了解世界文化的素质教育过程，兼有工具性和人文性。因此，设计英语口语课程时应充分考虑学生的文化素质和国际文化知识的传授以及听说能力培养的要求，给予足够的学时，鼓励使用先进的信息技术，开发建设网络课程，为学生提供良好的语言听说环境与条件。根据学校的实际情况，按照《教学大纲》的要求和本校的教学目标和教学特色将课堂教学与第二英语课堂相结合，确保不同层次的学生在英语应用能力方面得到充分的训练和提高。无论是第二英语课堂，还是主要基于课堂教学的课程，其设置都要考虑不同起点的学生，从提高学习兴趣的角度出发，激发学习动机，从而能大胆开口说英语。

2. 教学模式的特点

英语口语教学不同于一般的知识传授过程，它的教学模式需要更多的体现英语教学的实用性、知识性和趣味性，有利于调动教师和学生双方的积极性，尤其要体现学生在教学过程中的主体地位和教师在教学过程中的辅导作用。教师可以根据不同活动内容的需要，灵活多样的选择最恰当的教具和最直观有效的教学手段，激发学生的学习兴趣，提高学习的积极性和主动性。根据学校的条件和学生的口语水平，还可以充分利用网络环境，直接在网上进行听说教学和训练。网络教学系统能随时记录、了解、检测学生的学习情况以及教师的教学与辅导情况，充分体现英语教学的互动性。与其他教学模式相比较，口语教学的教学手段和教学方法的选择是否成功极大地影响着口语教学活动中学生互动性的实现程度，进而影响英语教学效果的好坏。

3. 教学评估的特点

教学评估是英语口语教学的一个重要环节。全面、客观、科学、准确的评估体系对于实现教学目标至关重要。它既是教师获取教学反馈信息、改进教学管理、保证教学质量的重要依据，又是学生调整学习策略、改进学习方法、提高学习效率和取得良好学习效果的有效手段。对学生学习的评估可分为两种，一种是形成性评估，另一种是总结性评估。无论采用哪种形式，英语口语教学的评估都是考核学生实际使用英语语言进行交际的能力。其中，学生口语表达的准确性和流利程度是衡量口语教学效果的重要指标之一。口语教学的主要内容是语音教学，自然规范的语音、语调将为有效而流利的口语交际打下良好的基础。尤其是在中学口语教学过程中，教师重视发音的准确性，而不过分强调流利程度有助于学生培养良好的语言习惯。英语口语教学是通过对学生语音、语调、语速的准确性和流利程度来进行的。

4. 教学管理的特点

英语口语教学的管理贯穿于英语口语教学的全过程，要确保英语口语教学达到既定的教学目标，必须加强教学过程的指导，监督和检查。因此，口语教学的管理要做到以下几点：①必须有完善的教学文件和管理系统。教学文件包括：学校的英语教学大纲和口语教学的教学目标、课程设计、教学安排、教学内容、教学进度、考核方式等。管理系统包括：学生口语成绩和学习记录、口语考试分析总结、口语教师授课基本要求以及教研活动记录等。②口语教学推行小班课，每班不超过30人，若自然班人数过多，可将大班分成约30人的小班，分开上口语课。③有健全的教学管理和培训制度。英语教师的口语水平是提高口语教学质量的关键，学校应建设年龄、学历和职称结构合理的师资队伍，加强对教师的培训培养工作，鼓励教师围绕教学质量的提高积极开展教学研究，创造条件因地制宜开展多种形式的教研活动，除课堂教学之外，对第二课堂指导的课时应计入教师的教学工作量。

(二) 大学英语口语教学的目标

大学阶段的英语口语教学目标也分为三个等级,即基础目标,提高目标和发展目标。

1. 大学英语口语教学的基础目标

基础目标是针对大多数非英语专业学生的英语学习的基本需求确定的。具体如下:能就日常话题用英语进行简短但多话轮的交谈;能对一般性事件和物体进行简单的叙述或描述;经准备后能就所熟悉的话题作简短发言;能就学习或与未来工作相关的主题进行简单的讨论。语言表达结构比较清楚,语音、语调、语法等基本符合交际规范。能运用基本的会话技巧。

2. 大学英语口语教学的提高目标

提高目标是针对入学时英语基础较好、英语需求较高的学生确定的。具体如下:能用英语就一般性话题进行比较流利的会话;能较好地表达个人意见、情感、观点等;能陈述事实、理由和描述事件或物品等;能就熟悉的观点、概念、理论等进行阐述、解释、比较、总结等。语言组织结构清晰,语音、语调基本正确。能较好地运用口头表达与交流技巧。

3. 大学英语口语教学的发展目标

发展目标是根据学校人才培养计划的特殊需要以及部分学有余力学生的多元需求确定的。具体如下:能用英语较为流利、准确地就通用领域或专业领域里一些常见话题进行对话或讨论;能用简练的语言概括篇幅较长、有一定语言难度的文本或讲话;能在国际会议和专业交流中宣读论文并参加讨论;能参与商务谈判、产品宣传等活动。能恰当地运用口语表达和交流技巧。

第二节 大学英语口语教学活动设计

一、演讲

无论如何,学习者以后都会在实际生活中进行演讲或谈话。站在同学面前讲一段话的经历,是对在真实生活中讲话的一个极好的准备。演讲根据不同的标准又可以划分出不同的类别,就形式而言,可以分为有准备的发言和即席演讲,就内容而言,可以分为学术演讲,商务演讲等。

(一) 有准备的发言

有准备的发言是让一名或几名学生就自己选择的话题做发言。这种发言与非正式的即时会话有很大不同,由于学生事先可以做好准备,因此发言往往比较书面化,连贯性和流畅性较好。如果可能的话,学生应尽量脱稿或者根据列出的要点来发言,当然学生还可以借助多媒体的优势增强自己演示和讲解的效果。

为了让学生从口头发言中有所收获,教师要花时间对他们的各个步骤和程序进行辅导。首先,教师要给学生准备发言的时间,并在必要的时候帮助他们(如修改发言稿,示范演讲技巧等),然后学生要有机会演练发言,演练时,学生可以结对或组成小组互相陈述。教师和全班学生可以预先共同制定一个发言评价标准，每组中的听众就能据此对发言人提供反馈。

一名学生做发言时，教师要让其他学生带着任务去听，这一点很重要。可以让学生按照评价标准做反馈任务，也可以让学生后续提问。关键是做陈述时不但要使学生积极地说，也要使他们积极地听。

不论反馈来自老师还是学生，或二者皆有，重要的一点是做口头发言的学生要有机会反思分析自己的发言，这样他们能够取得最大的收获，如果重新再做一遍的话，一定能做得更好。

（二）即席演讲（发言）

即席演讲（发言）在课堂上也很常用，如教师抛出一个问题让学生即兴发挥，现场解答。在教学过程中恰当地运用这种口语活动，可以加强师生互动，调动课堂气氛，同时可以让学生保持专注。

即兴发言的学生往往不可避免地会出现语言错误，有时甚至感到困惑，不知道接下来该说什么，或者说得不如我们期望的那么流利。教师对此要有心理准备，以及较高的容忍度。过多的纠正错误可能会压抑学生的积极性，让他们产生挫败感，使整个活动失去交际性。教师需要做一个好的鼓舞者，争取通过有帮助地而且缓和地纠正错误引导学生走出困境和犹豫。当然，在这种情况下，教师还要注意不要参与过多，否则会垄断口语活动，让学生产生压迫感，把注意力都集中在自己身上。

（三）学术演讲

学生学英语很可能要为学术演讲或会议论文做准备。事先在课堂上练习这些技能，会有助于讨论这种语体的正式的特点，也有利于体验与每个步骤相关的特定的语言应用。教师可以与学生共同制定一张列有演讲特征以及有用表达的清单，随着学习者水平的提高，不断地对这个清单进行改进。例如，在加拿大有一个讲母语与非母语混合的研究生班，每个人都要就他们刚读过的一篇研究论文做一个口头的学术演讲（Oral Academic Presentation, OAP），他们对这样的演讲总结出如下特点：

①OAP应该包含一个简明摘要，一个经过深思熟虑并能保持平衡的评论，以及一张包含相关含义的清单。

②演讲者应该投入并能唤起听众的兴趣。

③演讲者应该有一种有效的演讲风格。

④演讲者要能很好地控制时间。

（四）商务演讲

与学术演讲类似，同样的组织方式，同学演讲，连同共同分析和及时反馈对商务演讲也同样有效。只不过，由于演讲主题的改变，学生演讲的措辞，演讲风格都要有所变化。通过这种演讲的练习，学生不仅可以学到更多商务英语的表达方式，还有机会掌握更多得体的商务礼仪。减轻个人演讲压力的方法是让学习者结对做准备，轮流演讲。为了让听众积极配合，有所收获，作为一种通行做法，在演讲结束时既可以给他们时间讨论这个演讲的优缺点，又可以让他们提出一些问题，或者给这个演讲做个简短的总结。

二、讲故事和笑话

讲故事是闲聊的一个主要要素。通过讲故事，学习者不仅能练习一种重要的技能，还可以相互了解，因为我们自己经常是故事里的人物。

（一）亲身经历

讲故事是课堂上练习口语的主要方法之一，以前通常采用让学习者讲述民间故事，或根据一系列图片讲有趣的或有戏剧效果的事件的形式。近些年来，鼓励学习者讲他们自己的故事的价值得到认可，现在的教材通常都包含有个性化的叙事任务，不管是独白还是对话。

（二）猜谎言

学习者给对方讲两个自己的小故事，其中一个故事的每一个细节都是真的，而另一个故事全是假的（虽然听起来可信）。听者在听完故事后通过有限的几个问题要猜出哪个是谎言，并且给出充分恰当的理由。如果教师能给学习者提供示范，对学生会很有帮助。

（三）插入单词

给每个学习者一张卡片，上面写有一个不寻常的单词或语句，它们有可能是最近在班上出现过的，但要保密。然后他们轮流给别人讲一个限定字数的小故事，里面要尽量不露痕迹地用到那个"秘密的表达"。讲完故事后，其他人要猜那个单词或语句是什么。

（四）故事链

分小组或选出志愿者，让学习者合作讲一个故事。每个人要根据教师给的信号，接过同学的话题，在同学讲的故事的基础上，继续往下讲。这种活动既能练习听力技能，锻炼口语表达能力，又可以训练学生的快速反应能力和创新思维。

（五）聚会笑话

学习者先自行设计并排练一个含有叙述元素的笑话。然后将整个班级分成若干五六个成员构成的小组，每个小组犹如一个小型的聚会。所有人在小组内轮流讲他们的笑话。教师在小组活动前可以先教一些基本的讲笑话的语句框架供学生参考。在小组活动过程中，教师要四处走动，做一个积极参与的观众，并适时提供支持，帮助学生克服语言障碍。活动结束时，各小组可以表决选出最好的笑话。

三、对话

对话练习在语言教学里有很长的历史，这种活动对于学生掌握新的句型非常有帮助。即使在班级规模较大的课堂上，安排这种活动也不会难以管理。情景对话既可以是结对活动也可以是小组活动。

（一）结对对话

结对对话既可以在师生之间进行也可以在学生之间展开。师生对话主要是起到演示的作用。教师可以让一个同学自愿饰演教材里一段对话中的一个角色，并大声朗读要说的话，而教师扮演另一个角色。之后，教师再与另一个学生重复这个过程，但这次角色要互换。或者教师设置一个情景（如商店购物）与一个学生创作一个对话，然后班上的其他学生再结对做同样的对话。

学生与学生的结对活动可以有两种形式：开放式和封闭式。开放式结对活动是两个学生——相邻或相向的两个人，表演对话，而班上的其他人来观看。封闭式结对活动是相邻的学生进行对话，所有的结对活动都同时进行。在这一步中，教师的作用是在教室里四处走动，检查学生是否在做这个互动，并在适当的时候提供指导或订正。当学生结束了他们的对话时，可以让他们变换角色再重新做一次，可以改变对话中的关键因素（比如说话者之间的关系）或是尝试凭记忆来完成这个对话活动。在教学中，可以把开放式结对活动和封闭式结对活动综合运用。在封闭式结对活动结束后，教师可以采用开放式结对活动，即选几对同学出来在全班同学面前表演他们练习过的对话。

（二）小组对话

小组对话除了涉及人物角色较多的情景对话以外，还可以融入一些个性化因素，比如句子星、真假句、话题接龙等。

1. 句子星

学习者每人在纸上画一个五角星。教师让他们在五角星的星尖上分别填写 can, like, have, used to, going to（这些提示词可以根据班级学生的水平来选择）。接下来，每个人用五角星上的词汇或短语按照老师的例子写出有关自己真实情况的句子，如 I can speak a little Portuguese. 然后学生分小组轮流读自己的句子。小组里的其他人要对每个句子至少提 3 个问题（例如，Where did you learn Portuguese? How well can you speak it? Can you write it? etc）。最后，可以随机选取学生让他们汇报从同学那里了解到的有趣的事情。

2. 真假句

教师给全班听写 5 个或更多陈述性的句子。在这些句子中，教师可以有意地糅入特定的句法结构。然后，学生分成 4 人小组猜测哪些句子是真的，哪些句子是假的，并汇报猜测结果和理由。接下来，学生以听写的句子为范例写出自己的真假句，让小组其他成员来猜测。

3. 话题接龙

学习者四人一组或五人一组，其中一人（可以抽签决定）先说一个句子，引导话题开始，接下来的人都要接着这个话题每人贡献一个句子（并把自己的句子记下来），通过两轮的轮转共同拼接建设一个对话，然后教师抽选几个小组把对话展示给全班的同学。

在进行对话练习时，教师的设计需要在安全性和挑战性之间取得平衡。如果任务太容易，缺乏挑战性，比如让学生机械地没完没了地大声朗读对话，就不可能激励他们调整现有知识以吸收新的语言点。反之，如果任务难度过高，压力太大，学生就会望而生畏继而闭口不言。教师在安排记忆对话的任务时，可以采用一些辅助手段帮助学生减轻压力。比如，可以把有待习得的重要语句写到黑板上（或用 PPT 展示出来），在学习者熟练地把这些语言材料融入会话中以后，再部分或完全删去（或隐藏）这些内容。此外，教师让学生听录音同时把丢失的重要语块补充完整，然后再操练或者让学生自己制作提示性的卡片等都是很好的方式。

四、讨论与辩论

讨论既可以操练语言又可以锻炼思维能力，在语言教学中的应用非常灵活。教师在课程导入阶段，进行阶段和结束阶段都可以组织学生展开讨论。导入阶段的讨论能够让学生熟悉授课主题，并对接下来的课程产生兴趣；进行阶段的讨论有助于调节授课节奏并让学生"全神贯注"；结束阶段的讨论有时帮助学生反思总结所学内容，有时又可以将这些内容进一步拓展和升华。在教学实践中，教师可以选取的讨论模式有多种。

（一）讨论卡

教师事先准备几套卡片（每个小组一套），卡片上写有与事先选好的话题有关的句子。在小组里，一个学生抽出第一张卡片，把上面的句子大声读出来，然后大家讨论。充分讨论后，再抽第二张卡片，继续讨论。如果他们对一张卡片上的话不感兴趣，就可以再抽下一张。每个小组不一定要讨论所有的句子，教师要决定在什么时候结束这个活动。先结束的小组可以就他们讨论的主要观点进行总结，然后再把这些总结供全班讨论。

当然，每个学习者小组可以提前自己准备卡片并与其他小组交换卡片来讨论。

（二）热身讨论

在介绍一个新话题，或让学习者为读或听一篇文章做准备的时候，通常都会布置几个问题让学习者结对或分小组进行讨论，然后再向全班汇报讨论结果。这些讨论的问题可以是有关某个话题的一般性知识（在这种情况下，可以把它们布置成课外研究任务，学生可以查资料），或者是对这个话题的一些个人回应。

（三）座谈会

代表不同意见的人就一些话题，比如当时的热点问题，进行辩论。辩论通常是在主持人的引导下进行。组织这种辩论可以先让学生结对整理他们的论点，然后每队选出一个人去辩论，而其他人做听众。当然，一旦辩论的人说完了他们的观点后，听众可以提问题。如果学习者可以自己选择观点，而不是去表达他们本不同意的观点，效果会更好。

（四）热气球辩论

这一很受欢迎的活动基于这样的一种构思：有一群人正在乘坐一个热气球旅行，但不幸的是气球漏气了，无法承受这么重的重量，除非有人从空中跳下去，否则里面的人都会死。小组成员各自代表不同的人物，他们要陈述自己应该留下来的理由，第一轮辩论后，所有人投票决定谁应该最先跳下去，随着气球漏气越来越严重，就要进行第二轮辩论，让第二个人跳下去。直到几轮之后只留下最后一个幸存者。热气球辩论的参与者可以代表不同的职业、年龄群体、兴趣爱好者等。

（五）金字塔（或共识）辩论

这个活动的原理是，学生先结对就一个问题达成统一意见，然后这些对子努力说服其他的对子，形成四人小组。以此类推，直到全班达成共识。例如，教师可以给全班布置任务，制定一些班级规章制度。首先，每个人自己起草，例如有8条规章的清单，然后他们结成对子进行比较，最后起草两人都同意的8条规章。这通常会涉及一些讨论和协商。一旦他们达成了一致意见，就要和另一对会和，这个过程又重新开始。最后，全班的两方走到一起就最后的版本达成一致意见。

许多类似的形式也有很好的效果，如分级任务。可以为以下任务排序：如历史上最重要的5个人物；有史以来最佳的十大流行歌曲；我要带到荒岛上去的8件物品；必须学习的6门课程等。

五、角色扮演和模拟

实践表明,学生从模拟和角色扮演活动中获益良多。学生可以模拟现实生活中的场景(如开会、购物、打电话等)进行表演。他们可以以自己的身份模拟,也可以扮演各种完全不同的人物。教师给学生分配角色的模拟活动就称为角色扮演。模拟和角色扮演活动具有很强的优势。首先,他们娱乐性强,学生喜闻乐见,由此能提高学习动机;其次,在学生表达自己时,他们能让有顾虑的学生更放心大胆地表达观点及行事,而不必像平时一样对自己的言论负责;此外,这类活动把课堂学习扩展到课外世界中,学生使用的语言更加丰富广泛;再者,这类活动不需要或只需要很好的辅助材料,因而可以在大多数的教学环境里使用。

学生在做模拟和角色扮演活动时,场景的创设至关重要,尽管这种环境可能只出现在师生的脑子里。只有对背景信息有足够的了解,学生才能在此基础上充分发挥创造性,表现得当。下面,我们将提供几类典型的模拟活动。

(一)不在场证明

选出两位同学担当被告的角色,这两位同学需要证明在某特定时间段内一直在一起而不在某犯罪现场,他们可以到教室外做准备。其他同学则扮演警察或法官的角色,准备一些问题,用来"审问"两位被告,如:Where were you…? What were you doing? What did you do next? Who did you meet? What did you say? 等。然后被告一个一个走进教室接受盘问,在教室外的等候者不许偷听,被盘问者必须给出问题的答案,不能说"不记得""不知道"等。问题问完后,如果两人回答一致,则两人无罪胜出;反之,则意味着两人有罪。

在大班中,这个活动也可以在小组内分开玩,只要选出的"被告"互相听不见所说的话即可;两个被告还可以被两个不同的小组同时盘问,然后交换地方。

这个活动还有变体形式。如,选出两位同学担任来自同一个家庭的绿卡申请人,其他同学则担任移民局官员的角色。在这种情况下,那两位同学需要回答有关家庭成员信息的问题。

(二)逛商店

教师将学生分成三人小组,每组选出一名学生扮演顾客的角色(可以抽签决定),另外两名学生则扮演店主。作为顾客的学生要分别拜访两家商店,然后决定在哪家商店买东西。这个活动的情境还可以变化。比如,让一名学生扮演幼儿家长的角色,另外两名学生扮演两家幼儿园的园长,家长要分别咨询两位幼儿园园长,然后决定选择哪家幼儿园。

其他的变体有:选择旅游公司、语言课程、室友等。这样变换活动的主题就可以训练学生在不同情境下的语言运用能力。

(三)调查

这个活动可以通过四人小组的形式来开展。其中两人扮演法官的角色,另外两人则分别扮演原告与被告的角色。原告就自己受到的侵害进行申诉,阐述并提供收集到的证据,被告则要进行反驳。最后两位法官商议做出裁决。这种活动也可以有其他的变体。如,消费者对责任方进行投诉,两家公司负责人同时竞标一个工程项目等。

（四）短剧表演

学习者以五六个人构成的小组为单位策划，排演一部短剧。教师可以指定短剧的题材，也可以让学生自由选择（比如，借鉴电影片段、经典故事情节等）。为了保证效果，教师要督促学生在课外投入较多的时间和精力来排练。而且，在准备阶段，教师最好能给学生提供支持，如帮助学生修改剧本，教他们恰当地运用语音知识述说台词等。当学生把他们的作品在课堂上呈现时，教师可安排为他们录像，这样，学生会更加重视活动的质量。

这种短剧表演为学生的语言运用提供了生动的语境，对于增强其语言能力大有裨益。此外，学生的创新能力和心理素质也能得到很好的锻炼。

六、交际游戏

学习者若想口语流利，在语言的实际运用中，就不能过于关注语音语调，语法规则等语言事实，而应把主要精力放在"达意"和完成交际任务上。在学习语言时，我们可以比较细致地琢磨那些语言事实，以便养成正确的语音语调习惯，不断矫正巩固语法意识，丰富自己的词汇等。但是在运用语言时，我们则需要实时自动化地综合运用各种语言知识来加工语句，以出色地完成交际任务。多样化的交际游戏可以大大加速学生语言知识自动化的进程。

（一）信息沟活动

在这类游戏中，参与者手中所掌握的信息是有差异的，他们只有通过语言交流，分享信息，才能完成既定的任务，如找到两幅图的差异，解开一个谜题，描述事件并排序等。这里有一个四方参与的拼图活动的例子。

上课前，教师准备了四幅大的教学图片，这几幅图片共同反映了一场交通事故。全班分成4组，教师给每个小组分别看一幅图片，然后让每组成员讨论并就他们看见的图片达成一致。然后将这四个小组的每个成员编号，再按照号码对应的原则重新分组（所有号码相同的为一组）。新小组的任务为：每个人轮流描述自己看到的图片；大家共同决定事故的发生顺序；以小组的名义确定交通事故的责任方。

（二）问卷调查

该活动是要学习者根据教师或教材里的话题进行提问和回答问题。学生先以小组的形式围绕话题展开讨论并设计问卷，然后四处走动，问问题，记录答案，之后再回到原先的小组里核对调查结果，得出结论接下来每个小组派出一个发言人向全班汇报小组的发现。

（三）阻塞游戏

如果在对话中能让学习者突然感到很意外，而不是按照他们想象中的方式进行机械式的回应，"阻塞"其预期，就能很好地调动他们的语言生成能力，摆脱相对单调的语言记忆能力训练。在这种练习活动中，教师可以先行示范。比如，在学生按照脚本充分地练习一个购物的情境对话后，教师扮演店员的角色，让一个学生扮演顾客。教师不要给学生提供意料之中的回答（如在回答 I'd like to buy a pair of trainers 时，说 Yes, certainly. What size do you take?），转而说 I am sorry, I'm new here. What do you mean by trainers? 或者是 O-K. What kind of trainers do you want? 这样"顾客"就要临场动脑应付预料之外的回答。然后，学生可以结对自己玩"阻塞"游戏。这种游戏也适用于课堂上教师的即兴提问环节。对于那些回答过于简单的学生，教师可以向他们多提出一些意想不到的问题，引导他们输出更多的语言并调节课堂气氛。

（四）猜谜游戏

教师在课堂上还可以适时引入一些猜谜游戏，像"What's my line?"。在这个游戏里，一个学习者想出一份工作，其他人通过 Yes/No 的问题来猜出工作的名称。如果在 10 个问题之内猜出答案，那个学习者就输，否则，该学习者算赢。此游戏的组织形式比较灵活，既可以是结对活动、小组活动，也可以是班级活动。这种游戏为学生语言知识的自动化提供了理想的条件。它是双向互动的游戏，有问有答，而且是实时发生的，因此有一种自发和不可预测的因素在里面；焦点放在结果上，即在游戏中取胜，而不是放在要达到目的的语言的使用上。类似的游戏有："What sort of animal am I?"（参与者 A 想出一种动物，其他人要问 Yes/No 问题来弄清那个动物是什么），"Who am I?"（参与者 A 想出一个名人，在世的或过世的）等。这种游戏的基本形式还可以应用于涉及学习者自身生活的话题。例如，通过 Yes/No 的问题来了解学习者的周末活动。

（五）电视与广播游戏

一些广播电视游戏也常常能成为很好的训练语言流利度的活动。这里略举两例。"Just a minute"是一个流行很久的英国广播娱乐竞赛。参与者要根据主持人给出的话题连续说 60 秒，中间不能停顿、重复或出现偏差。"偏差"包括语言错误和跑题。如果另一个参赛者听到说话人出现这些问题，就可以打断说话人，然后接着其话题说下去，并得到一分。最先说满 60 秒的人胜出。如果在限定的时间内都没有说满 60 秒，那么得分最多的人获胜。在"Fish bowl"游戏中，每个学生把写好的词组、问题或句子放入一个鱼缸（可用纸箱代替）中，然后让两名学生随意讨论一个他们感兴趣的话题，当他们听到设定的信号后，其中一人要把手伸进鱼缸取出一个纸团，随后他们必须立即把纸团里的内容插入到自己的对话中。

第三节　大学英语口语会话技能

一、大学英语口语会话技能要点——突破语音

语音这一关过不了在英语口语的学习上就是一个很大的障碍。那么如何突破语音这一关呢？首先，学习语音要从最基础的知识学起。这些基础知识包括字母表、英语中的每一个元音和辅音音素、常见的字母组合的读法、一般句型的升降调等等。字母表和每一个音素是必须过关的。学生可以利用英语课堂时间或是课外时间多请教专业老师帮助纠正发音错误的字母和各元音辅音因素；可以自己购买一些国际音标的录音磁带和光盘作为学习英语语音音素的工具；掌握正确的发音方法并按照正确的发音方法跟着录音磁带和光盘的读音发音（练习时可对着镜子同时注意发每一个音时的口形和舌位的高低变化）。在元音和辅音都过关的前提下可以进行拼读单词的训练。每天每一课的单词至少要反复拼读十次，

读的时候要注意重音和次重音的读法。通过训练要做到任意一个单词的注音都能正确无误的清晰的拼读出来。其次，在掌握英语语音音素的一些基础知识之后要进行许多基本的技能训练。这些技能包括：句子的升降调、准确流畅的连读、不完全爆破、句子的重读与非重读、每一个句子的节奏等等。提高这些技能的有效途径是多听、多模仿、多跟读、多背诵。在读句子或文章时要注意语流，培养语感。语流（speech flow）是由音（pronun-Ciation）、律（rhythm）、调（intonation）结合而成的。音是指音素、单词和语句的发音；律是指节奏，即发音的轻重、长短和快慢等现象；调是指语调，即语句的升调、降调和平调。音、律、调三者是一个统一体，构成英语的腔调。

二、大学英语口语会话技能要点——突破词汇

在某种程度上而言，词汇量的多少就决定了英语表达的层次深浅。词汇量是练习口语的前提，对于一般的中国学生而言，学英语是按先看（阅读）后听说的顺序学习词汇的，因为根本没见过的单词往往在口语表达中是不会用的。因此，练习口语一定不要忘了同时要多阅读，扩大词汇量。如何有效突破词汇这一关？扩大词汇量的主要途径是记单词。记单词时要注意以下几点：

（1）要集中时间。每天要抽出固定的时间记单词，比如2至3小时。每天都要坚持，不要间断。

（2）要集中精力。要调动多种感官参与记忆，既看又读，既读又写，也就是记单词时要记住单词的音（读音）、形（拼写）、义（含义）及词性和用法。

（3）要运用一定的方法。例如可使用串联法、词缀法、联想法等等。

（4）要加深和巩固单词。在学会和记住一些单词后，紧接着到来的就是先快后慢的遗忘。因此，必须在还没有遗忘之前进行复习，加深和巩固记住的单词。

（5）不要平均用力。在初记和复习过程中，要把注意力放在特殊困难的单词上。这些单词还应抄录在笔记本上或做成卡片，以便利用平时的零散时间多次反复识记。除了记单词之外，还可以通过构词法、同义词、近义词、反义词来学习词汇。举例来说，我们知道 moon（月亮）、light（光），便轻易得出 moonlight 是月光之意，这便是构词法中的一种合成法，而英语中的许多单词都是合成词。此外还有转换词、派生词。熟悉构词法，了解掌握了常见的前缀、后缀，不孤立地记一个单词，联想一些近义词和反义词，这样举一反三会达到事半功倍的效果。

三、大学英语口语会话技能要点——突破语法

语法是提高英语口语的重要保障。调查发现，三分之二的学生不愿开口或不敢开口是因为担心语法出错，不能确定自己说的句子在语法上没有问题。在学生中常出现一些语法错误，出现这些错误的原因是因为他们对这些语法结构还没有掌握且缺乏系统的口语练习。如何突破语法这一难关呢？

（1）要重视教材中的语法项目和语法练习。对教材中的语法项目都应认真对待，力求学深、学透，真正打好语法基本功。做练习可以发现自己的薄弱环节，还可熟悉不少语言现象，增强语感。

（2）通读语法著作。通读语法著作可系统的进行语法学习，对于一些基本的语法知识一定要弄懂。

（3）随时查阅字典。字典可以提供词语的语音、语法、语义和语用等方面的知识，它有别于语法著作，语法书阐述的是语言使用的一般规则，词典则列出词语的具体用法。词典能通过动词句型符号、名词可数和不可数标志、大量的例证、必要的用法说明等提供丰富的语法知识。

四、大学英语口语会话技能要点——突破听力

听说结合如何突破听力障碍？其最为有效的方法便是多听多说，听说结合。听与说是密不可分的，听是说的基础。有些学生把听力和口语截然分开，这是英语学习上的一个误区。听和说相辅相成，相互作用。听是获取语言知识的一种途径，多听可以锻炼我们的语言辨别能力和反应能力。听的信息是以语音为媒介传递的，这就为我们学习标准英语提供了极好的模仿材料。听力训练与口语表达练习要结合起来进行，因为首先听说是一对整合关系的语言技能。在语言技能中，"听"是属于语言"输入"（in-put），而"说"是属于语言"输出"（out-put），"听"与"说"是语言交际活动中紧密联系的两个方面。光听不说无法建立一个良好的实现语言输入与输出的语言环境。听力训练主要是发挥短时记忆的作用，从心理学角度来看，短时记忆又称作复述缓冲器，信息输入在短时记忆中借助复述等手段进入长期记忆的保存，只听不说就意味着只完成了语言的输入环节，而且这些信息因未借助复述等手段进行输出就无法被保存在长时记忆中，因而容易产生信息流失的现象。在练习听力的同时必须开口说英语，多做口语练习，把听到的一些好的实用的句子记下来，反复大声朗读、模仿，直至能熟练的脱口而出；要尽量去复述所听的内容，因为复述必须在听懂的基础上进行，这就迫使大脑充分活跃起来，主动的去听，去搜索、记忆、归纳所听内容的大意乃至细节。由听明白到复述出来往往还要再多听几遍听力材料，这样坚持训练能使所听的信息保存在我们的长时记忆中。其次，听说结合体现语言交际原则。"按照交际学者的理解，真正的交际活动应该有三大特点：信息沟、选择性和消息的反馈。"在听力训练中，每个学生所听取的信息量不完全对等存在信息沟，是进行交际的前提。同时通过对话，讨论等交流形式，使学生之间实现信息互补，既能提高学生的口语表达能力，又能及时将储存在短时记忆的信息重组，编码，保存于长时记忆中。

五、大学英语口语会话技能要点——突破交际技巧

口语交际能力与在交际中使用技巧的能力有很大的关系。使用技巧的能力是指在交际中遇到困难或障碍时，有能力通过使用语言或非语言的技巧达到不同的语用目的，排除阻碍，保持信息通畅。也就是说在交际中要懂得使用交际策略。它指的是"交际者为了解决二语或外语交际中的困难而有目的和有意识采取的策略"，包括话题回避/替换、迂回叙述、停顿填补等。如何加强交际技巧的培养，突破交际技巧这一关？

（1）培养交际策略。交际策略是学习者在对第二语言或外语掌握有限的情况下，为达到交际目的，弥补其语法或词汇知识的贫乏而采用的方法。在交际过程中学生应加强交际策略观念，增强交际信心，克服焦虑感，积极正确的使用转述（运用释义、近义词、举例

说明等方法)、求助(直接或间接向对话者询问某一正确表达法)、拖延(运用套语、重复等手段赢得思考时间)、副语言(运用手势、脸部表情、声音模仿等非语言交际手段)和缩减(放弃、简化某一话题或回避某一语言形式)等交际策略。

(2)培养话轮转换技巧。可以使用向说话人发出索求话轮的信号,用"借用""释义""插入语列"(直接询问交谈者的方法,如:What do you Call…?)等保持话轮,用"停顿""语音信号、面部表情或手势""一些套语"(如:don't you agree with me, John? I think John has more to say about this. 等)放弃话轮,通过适时发出反馈信息(yes, fine, good, I see, that's right. 等)让说话者知道其传递的信息已被接受,或说话时采用一些迟疑用语(如:well, aCtually, let me see. how shall I put it? 等)和在听不懂对方谈话时使用模仿性的重复听不懂的地方或直接发问等技巧来克服沉默。在自然语言中层30%~50%的言语时间里可能包含着停顿和犹豫。它们可归入口语中一种游离于句子之外的话语行为修饰语。它们有的置于句首,用于承接话轮;有的置于句中,用于维持话轮;有的置于句尾,用于出让话轮,是表示言语者正在寻找或已经找到了合适的词语。这些是口头语言的重要组成部分,也是口头语言区别于其他类型语言的重要特征。大学英语口语培养中需作出的以下几方面的突破:语音、词汇、语法、听力及交际技能;依次阐述了上述各方面与英语口语能力培养之间的重要关系;详细介绍了突破语音、词汇、语法、听力及交际技能的具体方法和技巧,希望对大学英语口语学习有一定指导意义。

第六章 大学英语阅读教学理论

第一节 大学英语阅读教学理论综述

一、图式阅读理论

图式阅读理论分为三种类型：语言图式（linguistic schema）、内容图式（content schema）和形式图式（formal schema）。

(1) 语言图式是指读者所掌握的语言文字知识，它包括该语言的语音、词汇和语法方面的知识。如果不具备这方面的语言图式，就无法对输入的文章文字信息进行解码，获取文字的意义。因此，读者要想理解文章，首先必须掌握与阅读文章相关的语言图式，语言图式掌握的熟练程度决定对阅读的理解程度。

(2) 内容图式指阅读者对所读文章涉及的主题内容，题材或文化背景知识的了解。任何阅读材料都表达了一定的内容思想，建立在一定文化背景基础上。在实践中我们常发现这样一种现象，如果阅读者对阅读材料的主题内容，背景知识比较熟悉，即使在一些文字不熟悉的情况下，阅读者也能比较容易，并且准确地理解文章。这主要是阅读者具备了相关的内容图式。读者对于文章内容越熟悉，理解内容就越容易。

(3) 形式图式是读者对文章的体裁和篇章结构方面的知识。文章内容的表述都是按一定顺序和结构形式排列语言的。不同体裁的文章具有不同的结构特点和语篇风格，比如说叙事类（narration）、描写类（description）、说明类（exposition）和论辩类（argumentation）等文章都体现出不同的体裁风格和结构形式。如果掌握了相关知识，就很容易把握文章的内在逻辑关系，理解作者要表达的思想。

在高效的阅读过程中，三种类型的图式运用是相辅相成，缺一不可的。其中"语言图式"是"内容图式"和"形式图式"的基础，负责对语言文字进行解码和整合，并提取意义。语言图式对于理解文本的作用属于"自下而上"的心理加工过程。因此，阅读者首先应具备识别文章字、词、句的语言图式能力，只有在跨越语言障碍的基础上，才能激活和调用更高层级的内容图式和形式图式的资源，才能实现对文章的理解。语言图式在阅读理解过程中具有现在性的地位，但仅具有这种图式并不能正确的理解文章内容，还必须激活相关的内容图式，掌握形式图式。即三种图式必须形成一个层级结构，交互影响，单一的图式能力不能达到有效的阅读效果，有效的阅读必须是三种图式合力的结果。

二、阅读模式理论

目前,最主要的阅读模式大体分为三种。

（一）自下而上阅读模式

这种阅读模式指的是从词语、词组到单一句子一直到英语文章整体分层次逐一进行阅读理解,强调的是让阅读者从最低级的单词开始理解,最终弄明白整篇文章所表达的内容和主题。该模式能够帮助阅读者在阅读过程中加深对文章中出现的一些语法现象等的理解,但是并不能很好地完成阅读者本身与文章之间的互动交流,也就是说,该模式把阅读过程视为阅读者仅凭文章中分解的因素比如词汇、句式等单向理解文章所传递信息的过程,忽视了阅读者在阅读过程中的主动地位和积极作用。

（二）自上而下阅读模式

学者们针对自下而上模式在实际运用中的不足,提出了自上而下的英语阅读模式,这种阅读模式与"自下而上"恰恰相反,认为阅读者在阅读英语文章的过程中不应该处于被动接受信息的地位,而应该积极运用自己所掌握的英语语言知识,根据从文章中得出的语言线索,对文章所表达的内容和主题进行一系列的思考、加工、推测和判断等思维活动,它所强调的是阅读者所掌握的较高层的背景知识对阅读起到的作用,突出了阅读者在阅读过程中的主体地位,但是由于片面强调阅读者主动,反而忽视了同样重要的基础语言知识。

（三）交叉作用阅读模式

这种阅读模式的提出和应用实际上就是前两种模式的有效结合,该模式认为在阅读理解的过程中,阅读者不仅仅要根据文章中的文字、单词进行掌握和理解,还应该充分利用自身已掌握的高层的背景知识对文章进行阅读。它强调了阅读者与文章之间的关系应该是双重方向的,即阅读者本身所掌握的知识与文章中的组成因素如词汇、句式、语法等是可以相互作用、相互影响的。相比前两种模式,这种阅读模式的优点在于对阅读过程复杂性的解释更为全面,在阅读教学中既强调了学生思维能力的作用,又强调了基础知识的重要性,与目前我国提出的大学英语教学大纲要求相适应,因此被教育工作者普遍认可和广泛运用。

三、语篇分析理论

认知心理学认为语篇知识与阅读能力有密切的相关性。学生对阅读材料中篇章结构的认知和理解能力与他们的阅读和写作总体水平成正相关。这就要求教学过程中使学生不只停留在词句的水平上学习语言,而是在语篇水平上,从表达完整确切意义和思想内容的语段篇章的层次结构入手,分析句子之间、段落篇章之间的衔接和相关意义及逻辑思维的连贯,帮助学生达到最大量地获取和掌握文章所传递的信息,进而获得理解语篇作者的观点、态度、思想感情的能力,同时逐步培养学生恰当地使用语言的能力。

英语教师运用语篇分析理论进行教学的重点就是要进行宏观分析,使学生初步了解课文的形式和内容,为以后深入理解课文打下基础。

（一）文化背景知识的导入

文化背景知识是课文的宏观语境,对语言外的关系意义起着连接作用,对正确理解课文有很强的指导作用。因此，背景知识是读者理解特定语篇所必需的外部世界知识，它包括文章的创作背景、作者背景、文化背景等，涉及文章的写作年代以及社会背景，作者的生平经历和写作风格，以及其他与文章内容相关的知识。文化背景知识的引入方式可以多种多样。教师可以根据具体情况对背景知识有重点有选择地介绍，或者布置学生自己从参考书籍或互联网查找相关的文化背景知识。一旦学生具备了相关的文化背景知识，教师就要帮助他们充分激活这些知识，有意识地运用这些知识进行阅读活动。

（二）语篇的宏观结构分析

语篇理论告诉我们，文章均有其特定的结构，尤其是论说文和说明文，基本上由主题段、描写或解说段和结论段构成。正确掌握语篇结构的知识可以帮助阅读者准确、快速地获取信息。所以，我们在教学中首先要考虑的问题是文章的框架结构问题。这样我们可以从宏观上把握文章的脉络，可解决类似"每个词都认识就是看不懂意思"的问题。语篇结构分析就是要将文章的语言特点、结构特征、主题表达等有机地结合起来，使学生能达到对文章内容真正的理解，包括作者意图和观点。

四、词汇衔接理论

词汇衔接是语篇衔接中最突出最重要的手段之一，它是指通过词汇选择，在篇章中建立一个贯穿篇章的链条从而建立篇章的连续性，也就是说词汇衔接是将一些话语与另外一些话语连接起来的手段和词汇关系。词汇衔接是语篇的有形网络，体现在语篇的表层结构上，不仅对语篇连贯起着重要作用，更重要的是能从各个层面上反映作者或说话者的交际意图，强化语篇主题。因而对词汇衔接的研究可以帮助我们深化对语篇的分析和理解，提高英语阅读教学效果。

（一）教师应在阅读教学中加强词汇衔接理论的系统讲授

在阅读教学中，教师在将词汇衔接知识系统传授给学生的同时，要鼓励学生经常应用这些知识以促进阅读能力的提高，课文精讲是高职英语教学中的一个重要环节，教师在教学过程中应该以语篇为起点讲解课文，通过分析课文中的衔接手段让生掌握作者的写作思路从而加深对课文的理解。

（二）教师在讲解课文时要提醒学生注意词汇连接

教师在讲解课文时要时刻提醒学生注意词与词之间的关系，分析一下课文中的词汇衔接方式及其功能，引导学生抓住关键词从而提高学生对文章理解的程度，教师要有意识地引导学生把词汇衔接与略读快读的训练结合起来，在略读一篇文章时运用词汇衔接知识可以使学生预测文章的发展方向，通过找到文章的关键词、主题句来帮助学生理解文章，在快速阅读中，那些与问题联系最大的句子中往往含有一定的词汇重复如同义词、反义词、上下义词等。教师可以利用词汇衔接对学生进行查找特定信息的训练，从而降低答案搜索的盲目性，提高答题的速度和准确性。

（三）教师应该把写作训练与阅读教学结合起来

教师应在指导学生借助词汇衔接分析语篇的同时，引导学生运用词汇衔接手段进行英语写作训练从而使阅读和写作起到相辅相成的作用。

五、合作学习理论

合作学习理论的基本内涵为：①形成和改变学习者的学习态度，增进其合作学习技能。②创立紧密结合与整合学习为一体的学习方式。③发展批判性思维、推理和解决问题的能力。

（一）提倡分组教学

提倡分组教学绝非将整个阅读课教学变成自始至终的分组活动。分组教学与班级授课相结合才是我们推崇的阅读课教学模式。班级授课在知识点传授方面有容量大、节时省力等优势。在合作学习的教学活动中，教师的讲授也是必不可少的组成部分。合理的分组对提高合作学习的效率有重要意义。因此教师在运用分组教学理论进行教学时要精心地组织学生进行小组活动，并让学生在小组内的持续发言。

（二）两人小组合作学习

学生们可以被分成两人一组来完成大多数的学习任务，包括阅读和写作。当阅读水平较差的学生与同龄人结成学习小组时，他们将获得更大的帮助。许多阅读能力较差的学生认为他们最喜欢的老师是学生。两人小组合作学习不仅对学生提高阅读能力非常有效，而且极其实用。

（三）四至六人小组合作学习

四至六人小组合作学习，适用于较为复杂的分析性、探索性的阅读思考问题。这种合作学习方式有以下两大优势：小组成员互助合作、互相启发，形成智力互补，共同寻求解决问题的多种方案。小组成员的合作讨论大大提高了学生的阅读兴趣及分析归纳、推理验证等逻辑思维能力，小组成员相互合作大大增加了学生的实践机会。

六、大学英语阅读教学的特点和目标

（一）大学英语阅读教学的特点

大学英语阅读教学是改革前后较少受到质疑的语言技能之一，不仅对于其重要性，而且对于其教学效果方面都是如此。

1. 大学英语阅读内容的特点

从对大学英语教材的把握上看，大学英语教材中几乎包括了各种文体，具有多样性和现代性。其多样性表现为，一是文章涉及多个领域，如语言、文学、政治、经济、科技等；二是体裁有说明文、记叙文、议论文；三是语域的多样性，所选文章既有书面体文章，也有语体口语化乃至俚语化的文章。因此可以说，大学英语的阅读内容具有篇幅长、生词多、句法多样化、思想深等特点。

2. 大学英语阅读方式的特点

大学英语阅读一般分为精读（intensive reading）、泛读（extensive reading）和略读（skimming）。

（1）精读。要求学生毫无遗漏地仔细阅读全部语言材料，并获得对整篇文章深刻而全面的理解，在精读课本中，每篇课文后的词汇、语法、句型及注释都应仔细领会。

（2）泛读。也可称为普通阅读，要求学生读懂全文，对全文的主旨大意、主要思想和次要信息及作者的观点有明确的了解。对全文只做一般性的推理、归纳和总结，无须研究细节问题和探讨语法问题。但要求阅读速度高于精读速度的一倍。

（3）略读。是一种浏览性的阅读，指学生以他能力达到的最快速度浏览阅读材料。略读不需通读全文，只跳跃式地读主要部分，主要部分一般指第一段、最后一段及中间衔接段，因为第一段一般为全文概述，最后一段为归纳总结，中间衔接段一般为上下文关系段落或者有递进关系、转折关系、因果关系等。目的是获取全文的中心思想和主要内容。一般来说，略读的速度应快于泛读速度的一倍。

（二）大学英语阅读教学的目标

大学阶段的英语阅读教学目标分为三个等级，即基础目标、提高目标和发展目标。

1. 大学英语阅读教学的基础目标

基础目标是针对大多数非英语专业学生的英语学习基本需求确定的。具体如下：能基本读懂题材熟悉、语言难度中等的英语报刊文章和其他英语材料；能借助词典阅读英语教材和未来工作、生活中常见的应用文和简单的专业资料，掌握中心大意，理解主要事实和有关细节；能根据阅读目的的不同和阅读材料的难易，适当调整阅读速度和方法。能运用基本的阅读技巧。

2. 大学英语阅读教学的提高目标

提高目标是针对入学时英语基础较好、英语需求较高的学生确定的。具体如下：能基本读懂公开发表的英语报刊上一般性题材的文章；能阅读与所学专业相关的综述性文献，或与未来工作相关的说明书、操作手册等材料，理解中心大意、关键信息、文章的篇章结构和隐含意义等；能较好地运用快速阅读技巧阅读篇幅较长、难度中等的材料。能较好地运用常用的阅读策略。

3. 大学英语阅读教学的发展目标

发展目标是根据学校人才培养计划的特殊需要以及部分学有余力学生的多元需求确定的。具体如下：能读懂有一定难度的文章，理解主旨大意及细节；能比较顺利地阅读公开发表的英语报刊上的文章，以及与所学专业相关的英语文献和资料，较好地理解其中的逻辑结构和隐含意义等；能对不同阅读材料的内容进行综合分析，形成自己的理解和认识。能恰当地运用阅读技巧。

第二节　影响英语阅读理解的主要因素

一、影响英语阅读理解的主要因素分析

利用已经掌握的阅读技能，领会作者通过语言符号表达的意图，从而达到与作者进行思想交流的目的。在这一复杂的认知活动中，学生的语言基础、学习方法、文化背景知识、阅读习惯、智力水平、兴趣和个性等都是影响阅读理解的因素。为了有效提高大学生的英语阅读理解水平，本文对学生中普遍存在的阅读理解障碍进行分析，并探讨相应的解决策略。

(一) 阅读理解过程模式

语言学理论和认知理论证明：语言学习过程是一个复杂的认知技巧掌握的过程。研究者们普遍认为，学习者的理解能力、语言知识和背景知识直接影响阅读理解的过程和结果。基于对这三个因素的不同理解和对其强调的程度，研究者认为主要有三种阅读理解过程模式。第一种模式是指阅读者从辨认字母和单词等语言符号开始，不断进行信息组合，逐步弄清短语、句子、段落，直至对篇章和作者意图的把握。这是一种低层次的表面理解，没有认识到背景知识对阅读理解的作用。第二种是指阅读者不必逐字逐句地理解阅读材料，而是利用头脑中已有的背景知识和生活经验对阅读材料中的信息进行重新加工，从而推断出作者的真正意图。它虽然是一种深层次的理解，但忽视了语言形式对阅读理解的重要性。

随着对阅读心理过程研究的不断深入，第三种相互作用的阅读模式逐渐形成并趋于成熟。它是前两种模式的综合运用，在实际的阅读过程中，前两种模式会交替或同时出现。阅读者采用何种模式进行阅读取决于篇章的类型、阅读者的背景知识和语言能力等因素。因此我们在教学过程中，应根据不同的阅读材料，使学生能够灵活地运用不同的阅读模式。不仅要让学生掌握一定的语言知识，而且还要不断地扩大其背景知识，使他们根据不同的阅读目标运用不同的阅读技能，能够积极主动地理解篇章的含义，获取信息，进行交际。

(二) 影响阅读理解的因素

大学英语教学大纲指出：大学英语教学的目标是培养学生具有较强的阅读能力，一定的听的能力和译的能力，以及初步的写和说的能力，使学生能以英语为工具，获取专业所需要的信息，并为进一步提高英语水平打下较好的基础。大纲对大学生的阅读能力提出了较高的要求，如何提高大学生的阅读理解能力一直是英语教师研究的课题。笔者在教学实践中发现，影响阅读理解的因素可分为知识性障碍和非知识性障碍。知识性障碍包括：词汇障碍、语法障碍、背景知识障碍。非知识性障碍包括：心理障碍、阅读习惯、阅读速度及阅读技巧。其中最主要的障碍是词汇障碍、背景知识障碍和不良的阅读习惯。

1. 词汇障碍

如果我们认得 25 个最常见的英文单词，平均每页纸上的词我们会认得 33%；如果认得 135 个常用词，则为 50%；如果认得 2500 个，则为 78%；如果认得 5000 个，则为 80%；一旦记得 10,000 个，可达 92%。可见，阅读能力的高低和词汇量的大小是分不开的，目前大部分学生的词汇量偏少，这是影响大学生阅读能力提高的主要因素。

2. 背景知识障碍

阅读是对文章的意思进行积极预测、选择和确认的过程，这个过程不仅涉及阅读者的语言知识，同时也涉及阅读者过去的生活经验和对事物已经形成的抽象观念，即阅读理解不仅是一个人对语言文字和语篇的处理过程，而且是一个人对已有背景知识的应用和处理过程。大量的研究实例表明，即使了解了上下文的语言结构，如不具备相关的背景知识便无法理解语篇，正如语言学家 Ande-rson 所说的有时背景知识对理解的影响大于语言知识。由此可见，人们的生活经验和背景知识决定着阅读理解能力的高低。

3. 不良的阅读习惯

不良的阅读习惯包括指读、声读、心读、过分复视等。指读是指在阅读中学习者用手、笔或尺子等指着单词逐词阅读。声读指阅读时发出声音。心读指阅读者在心里清晰地发出读音。复视指在阅读时常常返回原句重读一遍，复视的原因可能是由于文章内容难度大，也有可能是缺乏自信心。我国传统的阅读教学采取自下而上的模式，即先学单词，然后是句子、段落、篇章，阅读成为一种仅仅从文字中提取意义的单一过程，学生容易养成逐字逐句阅读的习惯。有些学生拿到阅读材料不是快速浏览文章的标题、副标题，迅速了解文章的大意，而是从头到尾把材料逐句读完；碰到生词不是通过上下文猜测词义，而是立即查字典，使阅读效率大大降低。这反映出学生的阅读方法太单一，没有学会运用不同的策略处理不同的阅读材料。

（三）阅读策略

有效地培养阅读技能是阅读教学的主要任务。针对学生在阅读理解方面存在的问题，教师应在教学中遵循与阅读教学有关的原则，帮助学生消除阅读障碍，提高阅读技能。

1. 重视词汇积累，不断扩大词汇量

词汇学习的策略如何、质量如何，对于英语综合能力的提高影响很大。教师应帮助学生进行词汇的积累，为今后的再学习奠定基础。扩大词汇量的具体方法有：

①利用构词法猜测生词意义，如掌握常用的前缀、后缀的含义及用法，学生可以根据已知单词猜出它的派生词，从而达到扩大词汇的目的。

②利用语境，分析句子结构，结合常识来推测词的意义。

③运用归纳法，即把同一类词归纳在一起，如把有关货币与金融的词汇、文艺与体育的词汇归纳在一起记忆。

④联想记忆法，即充分运用想象力，使每个单词随意联想成为有意义、容易记忆的事物，如 irrigate（灌溉）可以联想成 irri 像秧苗一样，gate 是大门，大门一打开，就可以放水灌溉了。

⑤广泛阅读记忆法，要流利地阅读，就必须有丰富的词汇。

2. 拓宽知识面，积累文化背景知识

主要指阅读者具备与某一阅读材料相关联的知识。阅读理解并非书面语言信息向读者大脑的单向转移，它是读物的文字内容和读者的背景知识相互作用的结果。所以，我们应重视拓宽知识面，不断积累文化背景知识。在进行阅读教学时，教师可在讲课前为学生提供一些背景知识，增强学生的感性经验。如新编大学英语第一册第三课涉及中美文化交流所碰到的问题，围绕着中国人和美国人在访友、道谢、恭维时的不同做法，谈到美国人习惯于从小到大、从特殊到普遍的思维方式，如写信封就是一个简单的例子。另外美国人个性独立、不拘礼节、言谈直率也是众人皆知的。学生头脑中有了这些感性认识再理解课文就比较容易了。

3. 养成良好的阅读习惯，掌握有效的阅读技巧

阅读能力的提升有一个循序渐进的过程，其前提条件是要帮助学生养成良好的阅读习惯，因为良好的阅读习惯是有效阅读的基础和保证，有利于提高阅读速度和增强理解能力。除了良好的阅读习惯外，也要掌握正确的阅读技巧。教师要指导学生掌握如下不同的

阅读技巧：①泛读，广泛阅读大量涉及不同领域的书籍，拓宽知识面。②限时读，教师可在课堂上利用一定的时间进行操练，但时间不宜过长，一般5分钟左右就足够了，目的是提高学生的阅读速度和理解能力。③略读和跳读，即迅速浏览全文，抓住文章大意和主题句，明确作者的态度和意图，快速查找某一相关信息，对不相关的内容一带而过。综上所述，提高学生的英语阅读能力不是一朝一夕能做到的，但只要坚持培养学生广泛的阅读兴趣，在阅读中不断积累词汇，养成良好的阅读习惯，学生的英语阅读能力就一定能够得到提高。

二、影响英语阅读理解的跨文化因素分析

英语阅读理解是学习英语的四项基本技能之一。通过英语阅读理解，学生能提高自身的英语思维能力，提高对英语的敏感性。英语阅读理解能力的提高，对于学生提升自身英语水平具有至关重要的作用。英语阅读理解能力通常包括对英文的判断能力、英语思维能力、语言概况能力以及在英语语言环境下对英语的概括能力。然而，语言是文化的载体。在英语阅读理解学习过程中，不可避免受到跨文化因素影响。如何在英语阅读理解过程中，加强跨文化因素的渗透作用，丰富英语词汇量、提高英语阅读技能，是相关专家学者研究的重要课题。

（一）英语阅读理解与跨文化因素简介

英语阅读理解，顾名思义为读者对英文文章的理解过程。在英语阅读理解中，读者需要掌握大量的英文词汇、熟练运用各种英文阅读技巧，例如浏览、略读等。通过英语阅读理解过程，完成对全篇文章主旨的把握，实现与作者的沟通交流。语言是文化的载体，任何一种语言都是国家文化的体现。在一定的社会背景下，文化指一个国家的风俗习惯、历史地理、法律规范等。在国家沟通过程中，不同的国家之间需要语言沟通，促进彼此共同发展。在这种情况下，跨文化交际产生。在全球化大背景下，跨文化交际是各个国家增强交流，增进政治、经济、文化互信，为实现彼此共同发展的产物。提高跨文化交际能力，对加强语言沟通，提高对英语阅读理解能力非常重要。英语的阅读理解离不开对国家文化的了解，在对国家传统文化的深刻理解基础上，学生能采用英语语言思维，结合国家的社会背景，对英语阅读理解更加透彻，提高英语阅读理解水平。首先，英语阅读理解的文章题材多为对国家历史、经济、地理、社会等方面的真实描述。如果对国家文化缺乏一定的理解，完成英语阅读理解只能凭借记忆单词的含义，死板地翻译英文句子，无法更深刻理解英语阅读反映的真实背景，无法领悟英语阅读理解包含的真实的文章主旨。

（二）跨文化因素对英语阅读理解的影响分析

1. 中文和英语文化内涵不同

（1）委婉语的使用。在英语阅读理解过程中，我们如果采用直译的方法，单从字面进行分析，无法得到句子的真实含义。例如，"I have a bad stomachache. I must answer nature's call"，如果单从表面进行翻译，采用直译方法，那么得到的翻译结果为"回答自然的召唤"，可见，这并不是该句子的真实含义。因此，需要将中文思维切换为英文思维，考虑到英语委婉语的使用情况。该句子的真实含义为"我的肚子疼，我要去厕所"。英语委婉语的使用增加了语言的生动性。

(2) 表示颜色词的特殊用法。在英语使用过程中，一些表示颜色的词汇在与其他单词搭配时，常有特别的意义。例如，black tea，意思为"红茶"；green-back，意思为"美钞"；red-neck，意思为"乡下佬"；blue-blood，意思为"贵族出身"；red meat，意思为"牛/羊肉"；black letter，意思为"倒霉的"；blue-jackets，意思为"水兵/水平"。表示颜色的词汇，与其他词汇搭配时，具有特殊的表达意义，而不能按照原来的词语意思进行解释。

(3) 词汇褒贬含义不同。由于国家社会背景不同及人们生活习惯不同，对表示相同含义的词汇有不同的使用习惯。例如，white 翻译为"白色的，纯洁的"，在外国是褒义词语，多表示积极方面。而在我国缺失消极词语，常用来表示贬义。例如，白事、白旗。具有相同含义的词汇在中文和英语的使用过程中，代表了截然相反的语义色彩。

2. 俚语、习语、成语及谚语的理解

一些特定的词语在特定的文化背景下，具有自身固定的含义。对于英语而言，即代表外国人语言使用习惯的习语、谚语、俚语、成语等。这种词汇具有浓厚的国家文化气息，我们在英语阅读理解过程中，要特别注意这些词语的使用特点，并牢记其特殊的含义。例如：Like know like，意思为"英雄识英雄"；To face the music，意思为"临危不惧"；More haste, less speed，意思为"欲速则不达"；To take French leave，意思为"不告而别"等。这些俚语、成语是当地人多年来使用语言的习惯形成，我们在阅读理解过程中，遇到此类短语，不能直白地进行翻译，而要结合当地人的英语使用习惯，记牢短语的含义。

3. 文化背景知识的影响

了解国外文化知识背景，对于英语阅读理解至关重要。语言是文化的表现形式，掌握国外文化知识背景，能够提高对外国语言的理解能力。充分了解一个国家的风俗习惯和历史，有利于提高对英语阅读理解的整体认知水平，提高英语阅读理解能力，提升英语阅读质量。反之，如果对国家的文化背景知识缺少一定的了解，就不能充分掌握国家语言所表达的真实内容，我们所能读懂的，只是一些皮毛知识，无法获得文章的精髓。因此，文化背景知识对英语阅读能力影响很大，了解了一定的文化背景知识，对英语阅读理解能力的提升如虎添翼，会产生质的飞跃。

4. 写作结构特点

在中国，我们更重视写作的结构特点，即用委婉的方法，循序渐进引出文章的主旨，开头的内容通常情况下与正文关系不大。而西方人更加注重分析能力，写作常用开门见山的方式，直接交代文章的主旨句。再分层次描述支撑主旨句的论据。两种写作方式可谓截然不同。

(三) 应对英语阅读理解跨文化影响因素的策略

如何科学正确应对英语阅读理解中跨文化因素的影响已经成为当前英语教学研究领域所关注的一个主要问题。本文在充分研读相关参考文献的基础上，尝试从以下几个方面来对其今后应对英语阅读理解的跨文化影响因素的具体策略进行分析。

首先，积极开展跨文化教学。在进行阅读理解的过程当中，文化的差异会影响学习者对阅读材料的整体认知，有的时候，因为缺乏必要的文化知识储备，最终导致了英语学习者在应对具有一定文化背景的语篇的时候会存在一定的被动，甚至是理解失误的现象。因此，针对这一问题，要积极地从文化教学的角度来减少因文化的不同而对英语阅读产生的不良影响。在具体的实施过程当中，一方面，要重视对英美文化的教学，在课程的设置以及相关的文化教学资源的准备方面下足功夫，为帮助学生提高对英美文化的感悟能力提供必要的基础。另一方面，要从宏观的层面，来做好中西方文化的横向与纵向的比较工作。通过这种多元的文化教学形式，来更好地引导英语学习者去面对跨文化因素对阅读理解所产生的诸多的不利的影响。需要强调的是，在进行文化教学的过程当中，一定要在相应的教学目标的指引下，从而避免在文化教学与阅读理解的教学目标相互脱离的现象。

其次，做好阅读理解的文化分析。在进行英语的学习过程当中，阅读理解是一个重要的学习方向，面对跨文化所带来的不利影响，除了在文化教学层面进行必要的强化与提高之外，还应该从阅读理解的具体诉求出发来进行具体的分析。在进行分析的过程当中，要解决两个方面的问题。一方面，对阅读理解中所涉及的诸多的文化要素进行分析与整理。从历史以及文学等方面来进行具体的分类，然后根据在阅读中存在的文化短板与不足，在今后的文化学习中进行必要的强化与提高。另一方面，要加大英语阅读理解的数量。从语言学习的角度来看，英语阅读理解的水平与英语学习者英语语篇的阅读数量有着一定的内在关系。因此，在今后的英语阅读理解水平的发展与提高的过程当中，应当在阅读的数量层面进行适当的加大。通过这种从量变到质变层面的积累，来为减少与应对跨文化因素对英语阅读理解的负面影响构建必要的基础。

再次，做好跨文化的交流活动。英语阅读理解属于一种语言输入的过程。但是，这并不是语言学习的最终目的。包括英语在内的诸多外语的学习一个重要的落脚点是进行语言的具体应用。因此，在今后的英语阅读理解具体实践的过程当中，除了在必要的语言文化等方面的学习上进行积极的提高之外，还应该在跨文化的交流活动中下更大的力气。在具体的实施过程当中，一方面，可以借助各种丰富多彩的文化交流活动来将更多的文化学习的理论与具体的文化实践进行具体的结合，从而让文化更好地促进阅读，让两者之间形成一种积极的、良性的互动。另一方面，依托现在丰富的网络教学资源。例如，各种题材影视剧以及不同文化主题的介绍等等。在新颖独特的文化交流与实践的过程当中，提升整个文化对阅读理解的正向理解水平。

最后，开展跨文化的学生交流。我国各高校与国外院校积极配合，互相交换学生，是促进我国学生学好英语的关键举措。同时，在学校内部，组织中国学生与外国学生开展讨论活动，增进彼此的交流，也是提高学生英语学习水平的好方法。我国学生很少有机会跟外国学生进行沟通，学生的英语口语水平得不到有效提高。因此，开展学生交换活动，对于学生总结英语语境中的重要信息，减少汉语语言环境对英语学习的干扰有重要作用。在诸多的学生交换活动中，来更好扩大跨文化对英语阅读理解的正面影响。

总之，在进行英语阅读理解的学习过程当中，跨文化是一个重要的影响因素。如果缺乏正确的认知，不仅会影响英语学习者阅读理解水平的提升，也会影响英语学习者英语综合素养水平的提升。因此，要从跨文化教学、英语阅读理解的练习以及英语阅读理解与文化层面的互动等维度来进行相应的提高。只有这样，英语阅读理解中的跨文化因素的影响才会降低到一个最低的阈值。

在进行第二语言学习的过程中，跨文化影响因素是不可避免的。本文主要从跨文化因素的具体内涵以及其对英语阅读理解的具体影响入手,探究今后有效应对跨文化因素对英语阅读理解不利影响的具体对策,希望对相关领域的研究产生一定的借鉴意义。

第三节 大学英语阅读教学的策略

一、大学英语阅读的教学方法

（一）元认知教学

元认知（metacognition）的概念,即认知主体关于对自己的认知过程、结果以及相关活动的认知,简单来讲,元认知是对认知的认知。

元认知策略是指学习者利用元认知知识有意识地、合理地对自己的学习进行安排、监控、调节和评价,从而提高学习效率。由此可见,元认知策略是一种自我监控策略,体现了学习者的自主性和主体性。

在英语阅读中使用元认知策略可大大提高阅读的效率。因此,在英语阅读教学中,教师应培养学生掌握这一策略,让学生对自己的阅读活动有一个更加清醒的认识和监控,从而选择恰当合适的阅读策略,提高阅读效果。

1. 读前预测

有效合理地使用阅读策略和技巧对提高阅读能力发挥着重大的作用。而根据元认知策略,对文章内容进行有根据的预测是阅读前的一项重要准备工作,如果做好了读前的预测工作,那么学生就会在头脑中对文章构成合理的想象,对文章有一个大致的了解,并形成初步的阅读计划,进而胸有成竹地继续阅读。

因此,在阅读教学中,教师首先应向学生布置相关的预测任务。在进行整篇阅读之前,教师可要求学生依据文章的标题以及文中的插图等信息对文章内容进行有根据的预测,与此同时,教师要充分发挥课堂提问的作用,通过有效的提问来激发学生的想象力,并组织学生积极展开讨论,以扩大话题,发散学生的思维,从而使学生的预测与文章内容更加接近。此外,教师还可以从文章中找出一些关键词,让学生根据这些关键词展开想象,预测文章的内容。让学生对文章的内容进行预测,不仅可以激发学生的学习兴趣,发展学生的思维和想象力,还能培养学生的预测和推断能力,进而培养学生的阅读能力。

2. 读中监控

在阅读过程中,教师要根据不同的阅读目的引导学生采用不同的阅读策略。如果阅读文章只需要了解其大概含义,就可以采用泛读法,具体来讲,教师可以引导学生阅读文章的首尾段以及各个段落的首尾句,找出各段的主题句、中心句等,以了解文章的各段大意。如果需要对文章进行全面细致的了解,就需要精读或细读,在了解整篇文章的大概意思之后,还要引导学生对文章的句子、短语和词汇进行细致理解,分析重要的句子结构和语法。对于一些较难且重要的文章,教师则要引导学生对重要句子的语法点进行深入的分析和比较,梳理清句与句之间的内部关系,弄清句子的深层含义和作者的意图与观点。而这些都需要学生根据阅读目的对自己的阅读策略和过程进行有意识的监控,即在实际的监控过程中依据上下文猜测词义，找出能体现作者写作意图的句子，并提出自己的观点。

此外，教师在教学中还要指导学生根据自己的阅读情况调节自己的阅读速度，但要保证在准确理解的基础上对阅读过程进行调整，以保证阅读的有效性。

3. 读后反思

学生阅读完以后，教师要引导学生反思和评价自己的阅读情况，总结阅读的经验教训，在日后遇到同类问题时能够更好地处理。具体来说，教师要教会学生如何分析和解决阅读中的问题，如遇到生词和陌生的语法时，不能因为抠生词含义而降低阅读速度，导致阅读时间不足，继而影响对整篇文章的理解。

另外，教师还要让学生总结阅读过程中哪里做得好，哪里做得不好，找出原因和解决的办法，并写成反思日记，作为以后的借鉴。

(二) 合作阅读教学

合作阅读教学法是通过小组合作的方式让学生互相帮助，在交流讨论中深化对文章的理解，并掌握一定的阅读策略。这种教学方法适用于大部分课堂，在学生阅读水平参差不齐的班级中效果尤其显著。通过合作阅读教学，学生的词汇量、阅读能力以及合作意识都会得到极大的提升。

具体来说，合作阅读法的操作步骤如下。

1. 读前准备

合作阅读开始之前首先应做好读前准备，其目的在于激活学生头脑中的相关图式。读前准备主要包括以下几项内容：

①对文章主题进行预测。

②激活与文章相关的背景知识。

③短时间内了解与文章相关的信息。

做好读前准备对激发学生兴趣、促进阅读理解有很大的帮助。为实现这一点，教师要从以下两个方面着手：

①鼓励学生在脑海中搜寻尽可能多的背景知识，并让他们将之全部输出，汇总报告给全班同学。

②鼓励学生预测文章内容。

2. 细节阅读

这一环节中，学生开始阅读文章，了解文章细节，并发现哪些内容能够理解，哪些不能理解，从而对自己的阅读进程、理解程度有一个清晰的认识和监控。当遇到难以理解的内容时，学生可以通过以下三种方式来解决：①利用构词法知识猜测词义。英语中很多词语遵循着英语构词方法，掌握这些方法对理解生词有很大帮助。②利用上下文语境猜测词义。这是因为词汇只有在交际语境中才具有准确而具体的意义。③利用关键词、连接词理解词义。

3. 大意理解

阅读结束后，学生首先应该对所读文章大意有一个整体的了解。具体来说，此时学生应该掌握以下两条要求：①找出文章六要素，即时间、地点、人物、起因、经过、结果。②能够用自己的语言重述材料内容，注意包括以上六要素。

在这一阶段，教师可先提出一些问题，让学生带着问题去阅读。阅读结束后可将学生分成人数相同的若干小组进行讨论，交流观点后归纳总结出答案，最后教师可抽查每个小组讨论的情况，请某个或者每个小组陈述观点，其他小组成员可发表评论意见，充分发挥交际对于语言学习的积极作用。

4. 巩固理解

巩固理解环节主要是加深学生对材料的理解，同时扩展学生的知识面。本环节中，教师可让学生根据阅读材料提出问题。由于学生长期以来都处于被提问的位置，可能不擅长提问，所提的问题也有可能偏离重点。为避免这些情况的发生，促使学生提出实际有用的问题，教师可先提出几个问题为学生做示范，使学生明白各类问题的提问方法和问题与材料之间的关系。

5. 合作学习

通过前面四个环节，学生应该已经十分了解阅读材料并足够熟练地掌握阅读的策略了，此时就可开展合作学习活动。教师可将学生分成六人小组，每个小组成员都要扮演一定的角色。角色分工如下：

①组长。组长的责任是确定合作阅读每一阶段的任务，组织整个活动的开展，保证活动的顺利进行。

②问题专员。问题专员的责任是在学生猜测词义时用问题卡片提示操作步骤。

③激励员。激励员的责任是鼓励组员积极参与活动，评估每个组员的参与程度，为小组下一步活动提供建议。

④监控员。监控员的责任是监控组员的参与情况，保证每次只有一个人说话，避免七嘴八舌的讨论。

⑤发言人。发言人的责任是作为本组代表宣读讨论结果。

⑥记时员。记时员的责任是掌控阅读各阶段的时间，提醒组员及时转入下一阶段的活动。

小组合作学习中，学生能够在轻松的心理状态下加强交流，进一步深化对文本的理解，锻炼学生听、说、读的综合语言技能，有助于学生辩证思维和创新意识的培养和发展。

通过上述环节，学生阅读学习得以循序渐进的开展，这不仅符合人类的认知规律，也符合言语活动发展的规律。

(三) 文章背景教学

1. 教学理念

结合文章背景进行教学是指在阅读教学过程中，教师要让学生在关注阅读材料的同时，对文章的作者、写作背景、写作意图等也有所了解，并基于这些了解对文章的整体结构、写作思路、文章观点等进行思考和评价，让学生意识到作者是如何选词造句、设计结构来实现写作意图的，以此来加深学生对文章的理解，同时锻炼学生形成分析性、批判性思维。这对他们未来的阅读学习和阅读实践十分重要。

2. 教学步骤

①教师布置阅读任务，任务不宜太艰巨，以文章的第一、第二段为宜。

②学生开始阅读之前，教师还要提出一些与文章相关的问题，让学生带着问题阅读，边读边思考。

③阅读结束后，将学生分为若干小组，组织学生讨论之前提出的问题并提出自己的质疑，总结每组观点和问题。

④每组派代表回答前述问题并提出本组质疑，其他学生自由回答。

⑤通过学生的讨论和回答情况，教师对学生的阅读情况进行评估，并注意多鼓励、少批评。

（四）图式理论教学

"图式"这一词语来自希腊语，最早出现在古希腊哲学和心理学的著作中。但其作为一个概念却最早由德国哲学家康德提出。康德指出，"图式是先验想象力的产物；先验的时间规定性是将知性概念与感性经验统一起来的第三者，是沟通概念与对象的媒介物"。语言学家库克指出，图式是形成于人脑长期记忆中的有关人对世界的认识，也就是所谓的背景知识。

图式对人们的认知过程有着重要的作用，它是认知的基础，人们在处理外界信息时都需要调动大脑中的相关图式，当读者将大脑中的图式与语言材料所提供的信息联系起来时，就能理解所阅读的材料。到20世纪60年代，图式理论得以产生和发展。图式理论主要研究和说明了已知信息对认识所起到的基础性作用。

通过了解图式理论的基本内容可以得知，图式理论与阅读有着紧密的联系，并对阅读的顺利进行起着重要的制约作用。

首先，图式对阅读具有指引注意的作用，通过运用图式，学生可以在阅读中自行控制自己的注意力。

其次，图式具有促进编码的作用，通过运用图式，学生可以将阅读的内容与自己已有的知识结合起来，找出恰当的"结合点"，进而形成易于理解的编码。

再次，图式能够促进记忆和形成推理，这都有助于学生的阅读。所以，结合图式理论进行阅读教学，能显著提高学生的阅读能力，使学生对阅读有一个深刻的理解。根据上述的图式理论，图式可大致分为三类：语言图式、内容图式和形式图式。以下就结合这三个方面来分析基于图式理论的英语阅读教学策略。

1. 建构语言图式

语言图式是指读者所掌握的语言知识以及运用语言知识的能力，也就是读者掌握关于语音、语法、词语等方面的知识以及运用这些知识的能力。扎实的语言知识是阅读的基础和前提，如果不具备相应的语言图式方面的知识，就不具备对输入的信息进行编码和解码的能力，也就不能依据文章信息激活大脑中的其他图式，进而也就不能获得对文章的深刻理解。可以说，语言图式在某种程度上反映了读者的语言水平。所以，教师在进行英语阅读教学之前首先要帮助学生建构语言图式，为阅读的展开做好准备，排除学生阅读理解的困难，保证学生的阅读顺利有效地进行。

在传统的教学中，教师也非常注重对词汇的讲解。在学生开始阅读之前，教师也会讲解生词，介绍词语搭配，举例说明等。但是，建构语言图式并不是简单地对阅读中相关的词汇及其例句进行罗列，而是对相关词汇的意义进行组合和建构。

2. 建构内容图式

内容图式又称"主题图式",是指读者所掌握的关于文章内容的背景知识,如语言知识、文化背景等。阅读理解能够顺利进行,内容图式起着关键的作用。如果缺乏内容图式,即使能读懂字面文字,也无法渗透其本质内涵达到与作者交流的目的,而这也正是造成许多读者阅读失败的重要原因。

读者的背景知识可以填充阅读中缺失的信息,同时也有助于帮助读者更加准确地预测内容的展开方向。所以,在阅读教学中,教师要注意对学生内容图示的建构。具体来讲,教师可以先向学生介绍一定的背景知识,然后以提问的方式来巩固学生的内容图式。

3. 建构形式图式

形式图式是指关于文章的文体,谋篇布局方面的知识,表明文章的类型、篇章的组织和修辞结构等。对文章体裁结构的了解有助于读者对文章内容的理解。

具体来讲,文章可分为记叙文、说明文、议论文等,每一种文体都有各门独特的写作风格和表达模式,熟悉不同文章的类型有助于读者从整体上把握文章的组织结构和作者的写作思路,从而在一定程度上简化了阅读的过程,并降低了阅读的理解难度。所以,在具体的教学中,教师要有意识地向学生介绍这方面的知识,帮助学生建构形式图式。

二、提高大学英语阅读教学的策略

(一)教授阅读策略

掌握一定的阅读策略对学生的阅读大有帮助。因此,阅读教学中,教师应注意阅读策略的传授,不能一味沿用旧的教学方法,让学生按照自己的习惯来学习,概括来说,阅读中常用的策略主要有以下六种。

1. 略读

略读是一种快速阅读文章以获取文章大意的阅读方式,这种阅读方式要求读者以意群为单位,双眼迅速扫读文章,同时注意选择一些重要的词语、句子来读,以获取主要信息,那些次要的信息和细节以及不影响文章大意理解的词句、段落则可以直接略过。需要指出的是,略读过后,读者要能够确定文章结构和作者语气。

略读的作用主要在于快速抓住文章梗概、测试读者在只阅读部分句子的情况下对文章的掌握程度。根据略读的结果,读者可以进行针对性训练,从而提高阅读的效率。

2. 跳读

如果在阅读中只需要查找我们所需要的信息,这时就没有必要逐字逐句、从头到尾通读下去,而是可以采用跳读的方式。跳读尤其适用于时间紧迫,不能进行通篇阅读,而对选择题中的几个选项又无法判定的情况,其目的是根据问题寻找答案,准确定位详细而又明确的信息。

3. 导读

和略读、跳读一样,寻读也不需要对文章进行逐字逐句的阅读,而只需根据需要在文章中迅速搜寻所需内容。这种具有极强针对性的阅读技巧提高的信息,积极寻找和题目相关的内容。寻读技巧用于考试颇有成效。

4. 寻找主题句

文章是由段落组成的，因此对段落大意的理解是语篇理解的基础。理解段落大意的关键是寻找主题句。主题句是文章大意的概括，结构较为简单，一般位于段落的开头，有时也位于段落的结尾或中间，甚至隐含在段落里面，需要读者认真分析、理解。

5. 推理判断

并不是所有的信息都能从文章字面意思上看出，有时就需要推理判断。推理判断对学生的要求较高，它要求学生要以理解全文为基础，从文章提供的各个信息出发，对文章逐层进行分析，最后准确推断出文章的中心思想。推理判断有直接推理判断和间接推理判断之分。直接推理判断是指在理解原文表层含义的基础之上，结合所提供的信息推断文章的结论。间接推理判断是指挖掘文章的深层含义去推测作者的态度和文章的主题等。

6. 猜测词义

猜词策略要求读者根据上下文线索、背景知识及语言结构等知识猜测某一生词、难词、关键词的词义。熟练掌握猜词策略对提高英语阅读速度与能力、增强英语阅读的兴趣和信心具有极大的促进作用。

具体来说，猜词策略主要有以下四种：

（1）根据定义猜测词义。为了便于读者理解，很多作者都会对文章中论文的概念做进一步的解释和说明，而且常会使用一些标志性短语，如 which means, in other words. namely、refer to 等，据此就可以猜测词义。

（2）利用同义词和反义词猜测词义。在介绍或说明某个概念时，文章作者常会采用与其相同或相反的词来重复说明，根据这些同义词和反义词就可以猜测词义。

（3）根据上下文猜测词义。有时生词所在的上下文会为其语义提供指引，学生可利用生词所处的语言环境来猜测词义。

（4）利用构词法猜测词义。英语构词法知识，如词根、词缀、截短法等是词义猜测的一个重要而且科学的方法。

（二）合理利用网络资源

在有限的课堂教学时间之内，教师可以一定程度上提高学生的英语阅读能力。随着计算机网络技术的不断发展，各大院校建立了自己的校园网络，快捷的网络环境为大学英语阅读教学提供了内容丰富且获取方便的资源，教师应该督促学生通过网络资源进行大量的课外阅读，帮助他们在不同的阅读活动中根据阅读内容、题材及阅读目的及时调整阅读方法，进一步提高阅读水平。

（三）英语阅读要科学选材

学生时常反映英语阅读课枯燥无味，主要原因是对教材不感兴趣，导致他们不能很好地理解教学内容。由于阅读是提供诸如词汇、短语、语法、句法、文化等可理解性输入的非常有效的途径，所以，英语阅读课的选材非常重要。教师要选择有趣的阅读材料，吸引学生能在短时间内完成阅读，这样就容易获得成就感，而这种成就感又可以作为正反馈来强化读者阅读的兴趣。还要保证学生的阅读量要大，教师应尽可能多地为学生准备题材广泛、内容生动的阅读材料，以增加他们的阅读量，教师应根据这些选择材料的原则，来选择合适的课堂训练材料，并且指导学生选择合适的阅读材料，从而使学生的阅读活动可以顺利进行。

(四) 培养学生词汇知识的学习

阅读理解涉及语篇、段落、句子、词汇四个层次的理解问题，而最根本的是对词汇的理解。词汇是构成语言的基本元素，学生的词汇量对阅读理解有着关键的作用，又是阅读过程得以顺利进行的基础。词汇量的大小与阅读技能的高低有着明显的关系，所以在词汇积累的教学中，如何积累一般常见词汇，有必要被教学者纳入教学方案。单词网络图是有效提高学生积累词汇量的重要方法，在英语阅读课堂教学中，选择一个核心概念词，让学生就这一核心概念词进行相应的发挥和扩展，在中心概念词上建构与其有关的其他词汇。

除此以外，使用词缀知识，根据上下文猜测词义，使用单词卡和词典，都是很好的记忆积累词汇的办法。同时在英语教学中教师应该直接明了地向学生教授基本词汇，然后训练学生如何根据上下文去猜测那些使用频率低的词的意思。总之，词汇量偏少是影响学生阅读能力提高的主要因素，扩大他们的词汇量是提高阅读能力的根本。

(五) 注重文化知识的导入和现象分析

语言是文化的载体和组成部分，也是文化的写照和表现形式，其产生、发展和变化过程受本民族文化的制约和影响，因而任何语言都带有所属文化系统的特征，包含着深刻的人文属性，体现着其民族的世界观和价值观。

二语习得研究发现，一种语言的习得和使用，不仅仅是语言结构本身的学习和使用，更离不开对这门语言所表现的文化内涵的了解，离不开对形成和使用这门语言的文化背景和底蕴的了解。在阅读过程中，文化背景知识的欠缺、跨文化意识的淡薄会直接影响到英语阅读的各个层面。

可以说，学生对阅读理解的多少与深浅，很大程度上取决于他们对文章所涉及的文化背景知识掌握的多寡。在大学英语阅读课的教学中，适时而又恰到好处地介绍文化背景知识，对文化差异现象进行对比分析和讲解，有助于学生更好地理解阅读材料，激发其阅读兴趣。大学英语的阅读材料涵盖了政治、历史、地理、人文、科学以及风俗民情等各方面的知识。这就要求学生不断扩大自己的知识面，平时阅读时自觉形成收集有关英语国家的文化信息并内化为自己的英语知识。在英语阅读课的教学过程中，对阅读材料的背景知识进行恰当介绍，不但可以激发学生的阅读兴趣，也有助于学生正确理解、把握阅读材料，提高英语阅读课堂教学的效率。另外，通过播放视频向学生介绍英美等国家的背景知识，使学生吸取知识，提高能力，丰富阅读知识视野。

总之，阅读在大学英语教学中有着非常重要的地位，大学英语阅读教学应该以学生的阅读兴趣为中心，把培养学生较强的阅读能力作为第一层次的教学目标，引导学生形成良好的阅读习惯，加强对学生阅读技能的训练，让学生轻松阅读，提高学生的自主阅读能力。这样，学生能够自信地面对变化万千的世界，通过广泛而有效的阅读获得他们所需要的信息。

第七章 大学英语写作教学理论

第一节 大学英语写作教学理论综述

一、大学英语写作教学理论概述

(一) 整体教学理论

1. 整体教学理论概述

"整体语言教学"(Whole Language Approach)始于20世纪80年代的美国,最初用于美国中小学教授本族语的语言艺术及阅读教学,它强调语言的整体性,反对把语言肢解成音素、词素、词汇和语法学,强调口语和书面语言之间的互动性及内在联系。之后,研究语言习得的应用语言专家对整体语言教学也作了深入的研究。语言能力是通过与他人进行言语交际,思想交流而习得的。事物的整体不是部分的简单总和,整体永远大于部分之和。

整体教学中的"整体",是指在教学中把语言看作是一个整体,而不是教师在课堂上讲解并让学生学习一些支离破碎的"技能"。"整体"教学就是用整体、联系的观点与方法来组织教学,其目的是让学生能够主动,有效,持久地学习,而不是教师在课堂上填充式地直接讲解,或让学生被动地重复课文中或教师讲解中已提出的信息。学生的写作技能和策略是在整体的、真实的语境中发展而来的,各种技能的培养必须渗透到整个课程计划中,这就是整体教学的实质。

2. 整体教学理论在英语写作课堂上的应用

(1) 整体。整体教学提出了整体统帅局部的原则,采用从整体出发,从整体来教局部,教局部不忘整体的教学方法。教师应全面掌握《大学英语写作大纲》中对学生的全部要求,对毕业后学生在写作能力上达到的水平有一个整体的构想,并设计出每一年,每一学期,甚至每一节课在写作方面所要达到的目标。把握整体的过程就是语言输入的过程,目的是让学生初步理解所要学的知识内容,对所要学的知识有一个整体的认识。写作技能的培训可以贯穿于英语教学的各个学科。以精读课为例:在读一篇文章讲解分析的同时,教师也要设计本节课结束后,在写作能力的培养上要达到怎样的效果,这样在课文的讲解中有意识强调作者的写作特点和优点,在潜移默化中进行点滴积累,最后达到提高写作的目的。

（2）分散。语言的功能和形式依附内容而存在，语言教学从整体出发，教师应将写作所要求的各种技能融于平时的各个教学环节中，语言知识和技能应通过自然的语言环境加以培养，而不应人为地把语言知识和写作技能分开来独立进行培养。分散可以让学生在平时的渐进式学习和积累中掌握全部的写作技巧，在潜移默化中达到水到渠成的效果。具体做法如下：

①分散到教材。教师可利用精读、泛读课堂加强学生对词汇的感悟，特别是同义词之间的差异。例如，我们不宜说 Our teacher is thin.（应用 slim）或 Our teacher is fat.（应用 strong 或 plumpy，ect）。通过这样栩栩如生的事例我们可以让学生明白词汇有抽象与具体、正式与非正式、高雅与通俗、褒扬与贬抑等区别。

词汇是语言的建筑材料，我们写文章总离不开措辞，文章写得好坏与用词有密切关系。在写作时学生犯的通病是该用具体词的地方却用了抽象词。"具体"和"抽象"是相对而言的，教师在授课时应用一些精辟的例句让学生明白在写作中词的意义越具体，越能给读者鲜明印象的道理，并鼓励学生掌握足够的词汇量，这样词汇量大了，才能在写作中左右逢源，随时能用上所需要的词。

②分散到时事，语言与我们的生活息息相关，教师可利用当前的一些国内外时事来激发学生要用英语表达的欲望。

③分散到媒体。多媒体计算机和网络通信技术的发展为学生学习提供了理想的认知工具，能有效地促进学生的认知发展。多媒体系统的多种感官刺激更符合人类学习认识规律，体现了学生认识主体的地位，同时还考虑到学生个体差异，改变了传统的"黑板+粉笔"的教学模式。教师可以因势利导，通过媒体让学生了解并掌握一些计算机和网络的术语，并学会电子邮件和函购信笺的写作格式。

④分散到学生。整体教学体现出以学生为主导的教学思想，它改变了"教师讲学生听"的被动灌输方式，给学生创造良好的氛围，让学生之间展开讨论，相互学习。学生之间相互检查所写的文章，检查出漏洞，再由学生进行讲解、分析、改错，这种学生与学生之间的学习要比学生向老师学更有深远意义。

总之，分散是把要学习的写作能力和技巧分散到每个学期、每一单元、每一节课，把要学习的知识重点和难点分散到各个单元，精讲多练，讲练结合，在每节课的点滴学习中收获写作的全部知识。

（3）全面综合。分散讲解完每个知识点后，教师应让学生以归纳的方式及时总结重点内容，归纳写作技巧和各种写作格式，最终在学生的头脑中留下完整的知识，形成完整的印象。全面综合让学生对各个知识点的认识从模糊、凌乱到清晰、完整，这是质的飞跃，同时也符合记忆的心理规律。这一阶段可以用以下三种方法：课文内容的整体再现；词汇句式的综合再现；语法知识的重点再现。以课文内容再现为主导，教师可采用播放录音、复述提纲、图标归纳等手段得以实现，目的在于全面总结，使各语言点、知识点变得系统化、条理化。

（4）实际运用。运用是教学的最终目标，运用也是教学过程的最终体现。写作教学应该贯穿于各学科的始末，光学不练永远达不到预期的目标。教师应在授课的一定阶段，结合所讲内容和这一阶段所提示的写作技能布置一些相应的写作练习，让学生在实践中得以巩固。教师可以指导学生写课文摘要或进行缩写、改写，以培养概括能力；给主题句和关键词要求联句成篇；或根据范例模仿作文；教师还可根据课文内容设计一些具有概括性的话题，让学生讨论，以培养交际能力。因为整体教学的理论是，听、说、读、写的能力是齐头并进的。

（二）语言模因理论

1. 语言模因论

（1）语言与模因。模因论是基于达尔文进化论的观点解释文化进化规律的一种新理论。模因与基因很相似，基因通过遗传来繁衍，模因则通过模仿进行传播，所以，模因的核心是模仿。作为文化传播单位，模因的表现形式很多。任何能够通过模仿而复制的信息都可以称之为模因。从语言角度来看，学语言的过程就是语言模因复制、传播的过程，因为语言本身就是一种模因，任何字、词、段落乃至篇章只要通过模仿得到复制和传播都可以称之为模因。

（2）语言模因的创新。语言模因作为复制因子，具有保留性、变异性和选择性，即每一个模因既是对以前模因的复制与继承，又会在复制和传播过程中产生一定的变异，在变异中获得发展。因此，任何创造性的语言使用都是在模仿的基础上进行的，先模仿而后创新，没有模仿和继承，就谈不上创造和创新。联系到写作，仿写是读写结合的最基本形式。通过仿写能便捷地获得写作理法，缩短学生探索直接经验的时间，加速语言从理解到运用的过渡。从模因论的角度探讨模仿写作教学，有利于我们掌握快捷有效的方法，在"模仿"的基础上进行英语写作创新。

2. 语言模因论的传播方式

不管语言模因的形式和内容如何，其复制和传播方式基本上是重复与类推两种。

（1）重复—背诵。重复主要涉及对语言模因的直接套用，背诵是达到这一目的的直接手段。背诵作为传统教学模式一直被我国教育者所沿用；但如今，越来越多的教师却不屑于使用背诵这一传统学习策略，特别是在大学阶段，他们忽略了语言是在不断的复制和传播中得以生存的重要道理。事实上，背诵在写作教学中发挥着重要的作用。成功的外语学习就必然要求耗费大量的时间，这时间的大部分应用于重复操练上。背诵能够强化语言输入，加深学生对所学语法知识的理解，提高词汇、句型的记忆效果，增强语言知识的积累，从而使英语语言输出规范得体化。

（2）类推—仿写。类推是模因复制与传播的另一种方式，与写作教学结合在一起主要涉及同构类推。即保持原模因整体结构框架不变，替换其中某些内容从而出现新的模因变体或形成模因复合体的现象。在写作教学中类推其实就意味着仿写。仿写合理地运用了模因论"模仿"原则，是提高学生英语写作能力有效的训练方式。仿写常用的一种模因是表现型模因，即语言的形式嵌入不同信息内容而予以复制、传递的模因。仿写通常可以从两个层次进行训练：一是词句模因，二是段落篇章模因。

①词句模因。词汇是写作的基础，因此，教师应鼓励学生通过模因模仿积累同义异词或通过上下义、反义等关系联想记忆词汇。同义异词可以有效避免行文的单调重复，从而提高文章的表达能力。另外，实用句型模因也是非常重要的仿写训练内容，它可以提高学生的句子写作水平。

②段落篇章模因。段落篇章模因训练是模仿已知的段落或篇章结构，根据不同语境，变动原来的语言信息或其中的成分，表达出不同的内容。例如在理解了某个经典段落后，教师可以详细分析段落的结构，写作手法与技巧的运用，指导学生进行仿写。

3. 模因论对大学英语写作教学的启示

（1）背诵是语言模因的第一要素。背诵的目的在于充分熟悉大量目标语素材，强化语言输入，加强学生对词汇、句型的记忆和语法知识的理解，使英语语言输出规范得体。同时，教师应帮助学生准备一些包含相应模因的材料，使他们在背诵过程中能不断复制其语言要素，从而进一步组装并构成个人所需的语料。

（2）针对优秀范文进行分析和仿写。仿写指在写作过程中模仿其他个体的写作行为或既成的规范语句或文章进行学习性写作的训练方式，它是遵循模因论"模仿"原则来提高学生英语写作能力的有效方式。因此，教师要引导学生运用不同的表达方式来陈述自己的观点，首先要求教师分析范文的结构，向学生讲解各种写作的体裁及其语言特色，让他们了解语篇建构由语言、语境要素和写作交际目的等诸多因素构成，然后通过仿写训练，达到提高英语写作能力的目的。

（3）采用联想教学启发学生的多层次思维。在表现型语言模因中，可以让学生产生不同的意义联想，在复制传播过程中可能会出现变异，但意义变异仍是语言模因变异的一种重要方式。因此，引入联想启发法可以促使学生积极地思考问题，开发他们的想象力。

（4）同伴之间的互相模因。互相学习从某种意义上也是互相模因，学生作文的评改讲评就是一个非常好的学习机会。在学生第一次写稿完成后，根据教师的"自我纠错"要点先自己找错，再交到小组里轮流"传阅品评"，然后交给教师，最后环节是课堂讲评。课堂讲评主要是教师找出学生作文中典型的语言错误让他们集体改正及作文评比，被讲评文章要有目的性、针对性和代表性，要兼顾优秀、一般、较差，让学生进行比较，最终修改出好的文章，优秀的习作会放到班级论坛里供同学学习模因。所有活动自始至终都有学生的参与，是写作课的延续。

（三）错误分析理论

1. 错误分析理论概述

错误（error）是语言学习过程中不可避免的现象。在语言学界，有关学习者错误的研究最先出现的是对比分析（contrastive analysis）理论。该理论将目标语（target language）与本族语（native language）进行对比，认为学习者错误是由于本族语的干扰造成的，主张有错必纠。随着认知语言学的发展，对比分析的不足越来越明显了，其中最主要的问题是忽视了学习者在语言学习过程中的主观能动性和许多错误无法通过两种语言的对比来加以解释。20世纪60年代末，Corder提出了错误分析理论。该理论认为错误是语言发展过程中的必然产物，是学习者对新语言知识所做的一种假设（hypothesis）和尝试，为教师提供了学习者的语言掌握情况，对二语习得有着积极的意义。错误分析理论改变了对语言学习者错误的传统看法，即错误是需要彻底根除的学习障碍，对第二语言的教学和研究产生了深远的影响。

2. 错误分析及其意义

在教学法中，错误分析法是教学法中常用的一种方法，主要是对于学生在学习中产生的错误进行集中的总结和归纳。在英语写作教学中运用错误分析法，整理学生在写作中相对集中的错误点，通过对于学生的学习过程的分析，找到学在学习过程中出现的语言错误的原因，从而从根本上认识和纠正学生在学习过程中的偏差。通过对于学生产生错误的分析，首先可以系统和全面地了解学生产生错误的原因，能够使我们在教学中更好地实现针对性的教学，提高学生的学习效果，减少学生在写作中的错误。其次，通过对于错误的分析，可以查找和检验我们实际教学中出现的问题，从而改进教学方法，提高教学效果。

错误具有三方面的意义：第一，教师对学生的语言错误进行系统地分析，可以知道学习者距目标有多远，还需要学习什么内容；第二，学习者的错误能向研究人员提供证据，说明语言学习的方式和采用的策略或程序；第三，错误是学习者不可避免的，出错可以看成学习的手段，用于检验关于正在学习的语言规则的假设。

3. 错误分析理论对大学英语写作教学的启示

（1）改变了对学习者错误的看法。传统观点认为，错误是由于本族语的干扰造成的，是二语学习的大敌，需要尽可能地避免和去除。而错误分析理论认为，错误是语言学习中不可避免的现象，对二语学习有着积极的意义。错误为教师提供了学习者的语言掌握情况，为研究者提供了语言是如何被习得的证据，是学习者发现语言规律所需运用的策略之一。二语习得者的错误其实是他们对目标语进行的尝试和假设，错误的改正就是假设被检验并修改。通过这种不断进行的假设检验，学习者就能逐步克服自身的不足，进而不断向目标语接近，这其实就是二语学习的过程。所以，教师应对学习者的错误有正确的认识，克服教学中的急躁情绪和焦虑心理，认识到错误不仅是语言学习中的正常现象而且有积极的意义。因此，对待错误不必如临大敌而应采取宽容的态度，并让学生认识到这一点。教师要鼓励学生多写多练，不要因为害怕出错而总是写简单的句子，而要勇于在写作中锻炼写长句和从句的能力。

（2）区分错误，采取不同的处理方法。对学习者错误的宽容并不意味着一概忽略，因为有些错误如果没有得到及时纠正，其形式就会固定下来并以潜在的方式存在于学习者语言（learner language）中，在多次纠正之后仍然会重新出现，这就是石化（fossilization）现象。石化现象会严重阻碍学生英语水平的进步。因此，教师要重视学生的错误，在批阅时对错误进行分析和归类。对影响句子的单个成分而不影响文章整体的错误可不必过多关注，而对影响句子整体和文章全局的错误，密集程度高的和普遍发生的错误、由于缺乏对西方文化和英语语言特征的了解而产生的错误等则要有足够的重视。

教师在纠正学生错误时可采取多种形式，为学生提供尽可能多的发现和纠正错误的机会，如自我纠错、同伴纠错、小组纠错等，鼓励学生充分开动脑筋，积极主动地纠正错误，从而加深对错误的印象，避免以后再次出现。对密集程度高的和普遍发生的错误可以采取课堂集中讲解的方式，对个别学生的错误可课后单独向其指正。但要注意，无论采取何种方式，教师都不能挫伤学生学习英语的兴趣和伤害其自尊心。

（3）重视输出在语言学习中的作用。在语言学习中，听、读属于语言输入，说、写属于语言输出。我国的英语教学中普遍存在的重输入轻输出的模式不利于学习者的语言学习。很多学生能够读懂有一定难度的英语文章，但是写出的英语作文却满是拼写和语法错误，甚至让人不知所云，这就是英语教学中轻视语言输出的后果。学习者的错误表示他们对目标语进行的假设，在错误得到改正，即假设得到检验时，学习者才能认识到他们在语言学习中的缺陷，他们语言学习的内在认知才能被激活。而只有在语言输出中，学习者才能对假设进行检验，才能认识到学习者语言与目标语的差距，这种差距的弥补会使学习者语言不断完善并逐步接近目标语。所以，大学英语教学中应重视对学生英语语言输出能力，特别是写作能力的培养，并重视反馈的作用。通过对学生写作中的错误进行分析、归类和纠错，使学生发现不足并予以弥补。这样，学习者语言中的各个元素就会不断重组，不断接近目标语，这就是二语习得的过程。

二、大学英语写作教学的特点和目标

（一）大学英语写作教学的特点

大学阶段的英语学习主要包括听、说、读、写四项技能的训练。其中，写作教学与其他技能的学习又有差异。主要体现在以下几个方面：

（1）写作课是一个输出和检验的过程。学生首先要有一定的信息输入一对体裁、内容都要有一定的了解，同时不论是课后还是课中，学生都应有一定的阅读量，积累了丰富的词汇、句型和语法，才能在写作课上游刃有余。换句话说，写作课检验了学生平时的知识积累程度，检验了学生对语法的掌握和词汇的运用等。学生如果没有日常的积累，就没有写作课上的灵活自如。

（2）写作课对教师的要求高。写作课是输出和检验的过程。它不仅检验了学生的知识积累，同时也在检验着教师的积累和准备工作。一名好教师，绝不会在写作课上让学生写一篇作文了事。首先，写作课教学要求教师充分准备素材，要让学生有所想，有所写，教师要启发学生思考。如针对题材的思考，针对体裁的思考，以及针对范文和遣词用句的思考等，都需要教师的启发和教导。所谓"授之以鱼，不如授之以渔"。其次，写作课要求教师具有比较广博的知识。因为写作的内容涉及多个方面，教师除了要有较高的外语水平外，还要对相关内容有所了解。这样才能言之有物，不会离题万里。第三，教师课后要有耐心和责任心。学生写作的水平需要教师的指正才能有所提高，因此课后教师的任务更重。阅读每一个学生的作文，然后给出适当的评语，没有充分的耐心和责任心是做不到的，或做不好的。所以说，写作课的成功与否，一方面需要学生自身的努力，另一方面也离不开教师的引导。

（3）写作课是循序渐进的过程。写作是一个复杂、循环、创造的过程，是一个不断发掘的过程。它要求写作者进行丰富的联想，发现题材并将之组织成文。要想提高写作水平并不是短时间能够做到的。许多学生平时能够阅读很复杂的文章，但却写不出完整的句子。有些学生错误地认为临考前背几篇范文就能在写作方面得高分。要解决根本问题，切实提高自身的写作水平，还需要多阅读、多分析，反复练笔。因为，写作的过程并不是简单地记录所看到或所读到的内容，而是用另一种语言表达自己的思想的过程，其中涉及遣词造句、文章架构以及段落的衔接等方面的问题。因此，写作水平的提高需要较长时间的训练，非一两天或一两周所能促成。

（二）大学英语写作教学的目标

大学阶段的英语写作教学目标分为三个等级，即基础目标、提高目标和发展目标。

1. 大学英语写作教学的基础目标

基础目标是针对大多数非英语专业学生的英语学习基本需求确定的。具体如下：能用英语描述个人经历、观感、情感和发生的事件等；能写常见的应用文；能就一般性话题或提纲以短文的形式展开简短的讨论、解释、说明等。语言结构基本完整，中心思想明确，用词较为恰当，语意连贯。能运用基本的写作技巧。

2. 大学英语写作教学的提高目标

提高目标是针对入学时英语基础较好、英语需求较高的学生确定的。具体如下：能用英语就一般性的主题表达个人观点；能撰写所学专业论文的英文摘要和英语小论文；能描述各种图表；能用英语对未来所从事工作或岗位职能、业务、产品等进行简要的书面介绍。语言表达内容完整，观点明确，条理清楚，语句通顺。能较好地运用常用的书面表达与交流技巧。

3. 大学英语写作教学的发展目标

发展目标是根据学校人才培养计划的特殊需要以及部分学有余力学生的多元需求确定的。具体如下：能以书面英语形式比较自如地表达个人的观点；能就广泛的社会、文化主题写出有一定思想深度的说明文和议论文，就专业话题撰写简短报告或论文，思想表达清楚，内容丰富，文章结构清晰，逻辑性较强；能对从不同来源获得的信息进行归纳，写出大纲、总结或摘要，并重现其中的论述和理由；能以适当的格式和文体撰写商务信函、简讯、备忘录等。能恰当地运用写作技巧。

第二节　大学英语句子写作教学

一、英语句子的基本特点和结构

（一）英语句子的典型特点

1. 形式紧凑，结构严谨

就句子的结构而论，西洋语言是法治的，中国语言是人治的。英语讲究"形合"，注重形式上的连接词语和句子的完整性。

例如：People will use mobile phones equipped with multi-functional apps, online computers will be regarded as workmates rather than tools, purchase will be made in front of the LCD screen, and the digital age will have arrived. 人们将使用具有多功能应用程序的手机，互联网计算机将被视为工作伙伴而不是工具，人们将在液晶显示屏前购物，到这时数字时代就来到了。

分析：这句英语是由四个独立句构成的并列句，前三个句子都用将来时，最后一个句子用的是将来完成时，句子之间的关系通过基本相同的时态、逗号和并列连词 and 得以清晰的表达。而汉语译文明显就是简单叙述，至于句子之间的关系完全通过句子的语意体现，前三个句子可以看成并列关系，最后一个句子则表示结果。这是因为汉语重"意合"，各个分句之间借助逻辑关系得以连贯。

2. 多用长句，抽象概括

西方文化崇尚抽象思维，擅长通过概念、推理等方式对客观世界进行理性概括，表达上倾向于采用形式庄重、抽象理性的长句。

例如：Interest in sociological methods arose less through external challenge to the pragmatic mechanism of sociology as an intellectual discipline than from internal quarrels among sociologists themselves. 人们对社会研究方法产生了兴趣，这与其说是因为外部对社会学作为一门知识学科的实用机制提出了挑战，还不如说是因为社会学家内部发生了争吵。

分析：英文原句是个典型的长句，中间没有使用任何标点符号，完全靠严谨的语法把整个句子的意思整合起来，"less…than"构成一个复杂的状语修饰动词arose。正如"西洋语言是法治的。"这里的"法"即语法。在中文翻译中，"产生兴趣"这一主题通过一个独立的句子表达，两个不同的原因则分别由不同的句子表达，把英文原句一分为三。可以看出，汉语重"人治"，往往根据思维流动拆分原句，通过多个短句来表达语意。

3. 多用从句，逻辑严密

与多用长句保持一致，英语也常常采用嵌套多层从句的复合句。这些从句往往通过连接词与主句或其他从句相连，表面上看错综复杂，却从内部形成一个逻辑严密的整体。而汉语表达结构相对松散，英语句子中的从句往往用汉语中的分句替换。

例如：Such a conclusion can be drawn with a certain degree of confidence but only if men can be assumed to have had the same attitude towards the issue as women with whom they are compared, and only if they do not lack relevant information which women have possessed. 得出这样一个结论是有一定程度把握的，但是必须具备两个条件：能够假定男人对问题的态度和与其相比的女人的态度相同；男人具备女人已经掌握的有关知识。

分析：原文中两个"only if"引导的从句显然使整个句子变得很复杂，可是由于有并列连词"but"和"and"，整句话的逻辑关系十分清楚：能够得出结论……但是只要……而且只要……。从上面的译文可以看出，为了使中文表达更加清楚，"but only if"和"only if"首先提纲挈领：但是必须具备两个条件……这种做法给我们的感觉是译文中没有从句，有的只是一些不同的分句。

4. 多用被动，客观理性

英语比较喜欢用被动语态，凡是不需说明行为的执行者、不愿说出的执行者、无从说出的执行者或是便于上下文连贯衔接等原因，一般都使用被动语态。被动语态以客观的风格陈述事实，揭示真理，符合英语民族的客体性思维方式。

下面先看一组常用被动句型：

It is well known that... 众所周知…

It is imagined that... 人们认为…

It must be stressed that... 必须强调…

It must be admitted that... 必须承认…

It cannot be denied that... 不可否认…

It can be foreseen that... 可以预料…

It should be realized that... 必须认识到…

It may be said without fear of exaggeration that... 可以毫不夸张地说…

值得注意的是，这些常用被动句型在汉语中都是用主动句来表达的。因为汉语虽然也有"被""由"之类的词表示被动，但远不如英语的被动语态那么常见。因此，英语的被动句在汉语中往往成了主动句。我们再看一个典型的例子。

例如：It is argued by some sociologists that the operations of the common mind can by no means be compared with the processes of those statesmen, and that they have to be required by a sort of special training and long years of political experience, 许多社会学家认为，普通人的思维活动根本无法与政治家的思维活动相比，认为这些思维活动必须经过某种专门训练和长年的政治经历才能掌握。

分析：原文中有三个被动语态"is argued""be compared"和"be required"，译成汉语都变成了主动语态：认为、相比和掌握。

5. 表态在前，叙事在后

在英语句子里，表示个人态度、判断或就某事做出评价、结论的部分一般位于句首，而叙述事情的来龙去脉、描写事实的部分往往位于句尾。表态部分较短，叙事部分较长，形成句式上先短后长、"头轻脚重"的语言现象。

例如：The assertion is scarcely contested that it is difficult, if not impossible, for a people to enjoy its basic rights unless it is able to determine freely its political status and to ensure freely its economic, social and cultural development. 如果一个民族不能自由地决定其政治地位，不能自由地保证其经济、社会和文化的发展，要享受其基本权利，即使不是不可能，也是不容易的。这一论断几乎是无可置辩的了。

分析：原文中的两处结论分别位于主句句首（The assertion is scarcely contested）和主语从句句首，在整个句子里所占篇幅较短。反观汉语译文，两个结论都被安排在句末，这是因为汉语是主题显著语言，表达习惯是叙事在前、表态在后，或者说是从事实到结论，从假设到推论，从原因到结果。

(二) 英语句子的基本结构

1. 主语+谓语（SV）

在"主语+谓语"句型中，谓语动词为不及物动词或者是不及物动词词组。

2. 主语+系动词+表语（SVP）

在"主语+系动词+表语"句型中，除了系动词"be"之外，还有一些动词可以充当系动词。例如，表示状态的系动词："appear, seem, keep, remain, stay, prove, continue, stand"等；表示感觉的系动词："look, feel, smell, sound, taste"等；表示转变的系动词："become, fall, get, go, grow, turn"等。

3. 主语+谓语+宾语（SVO）

(1) 谓语动词为及物动词。

(2) 谓语动词后面跟不定式作宾语。

(3) 谓语动词后面用"连接副（代）词+不定式"作宾语。

(4) 谓语动词后面用动名词作宾语。

(5) 有些谓语动词既可跟不定式，也可跟动名词作宾语，但两者意思差别不大。

（6）有些谓语动词既可跟不定式，也可跟动名词作宾语，但意义不同。

①动词"forget，remember，regret"等接不定式时，表示非谓语动词的动作发生于谓语动词的动作之后；接动名词作宾语时，表示非谓语动词的动作发生于谓语动词的动作之前。

②mean 接不定式作宾语时，表示一种意图，意思是"打算做，想要做"；接动名词作宾语时，表示解释，意思是"意味着，意思是"。

③try 接不定式作宾语时，表示一种决心，意思是"设法做，尽力做"；接动名词作宾语时，表示尝试，意思是"试着做"。

④"need，require，want，deserve"后接不定式或动名词时表示的语态不同。"need，require，want，deserve"等表示"需要"，后接另一动词作宾语时，该动词用不定式或动名词均可。但是其语态不同，即动名词用主动形式表示被动意义，而不定式则用被动形式表示被动意义。

4. 主语+谓语+间接宾语+直接宾语（SVOO）

主谓宾宾结构又称主谓双宾结构，即"主语+谓语+间接宾语+直接宾语"，此句型中谓语动词为双宾动词，这种动词后接双重宾语。一般情况下，间接宾语为动作的接受者，常为"人"；直接宾语为动作的承受者，常为"物"。从动作全过程来看，主语发出的动作先接触到"物"，再传递到"人"，所以尽管"物"在结构上离主语最远，却是在语义上最先和主语发生联系的，因此为直接宾语，而"人"为间接宾语。

5. 主语+谓语+宾语+宾语补足语（SVOC）

主谓宾补结构又称主谓复合宾语结构，即"主语+谓语+宾语+宾语补足语"，此句型中谓语动词为宾补动词（factitive verb）。这种动词先接宾语，再接对宾语进行补充说明的补足语（宾补）。

6. There be 句型

"there be"结构是英语中陈述事物客观存在的常用句型，表示"有"，其确切含义是"存在"。"there"作为引导词，本身没有意义，用动词"be"的某些形式作为谓语动词，它的主语是一些表示泛指或不定特指的名词词组，动词"be"和主语的数必须一致。句子最后通常为表示地点和时间的状语。因此，要表达"某个地方或某个时间存在什么事物或人"的时候，常用"there be+名词+地点（时间）"这一句型。

例如：There is a great Italian deli across the street. 穿过街道，有一家大的意大利熟食店。

（1）"there be"结构中的主谓一致。

①当动词"be"后所接的名词是单数可数名词或不可数名词时，"be"应该取单数"is"；当其后所接的名词是复数的可数名词时，"be"用复数"are"。

例 1：There,s a man at the door. 门口有个人。

例 2：There is some apple juice in the bottle. 瓶子里有些苹果汁。

例 3：There are some strangers in the street. 大街上有一些陌生人。

②如果"there be"后面是几个并列名词作主语，动词"be"的形式和最靠近它的那个名词保持数的一致，也就是常说的"就近原则"。

例1：There is an ashtray and two bottles on the shelf. 架子上有一只烟灰缸和两个瓶子。

例2：There are two bottles and an ashtray on the shelf. 架子上有两个瓶子和一个烟灰缸。

(2) "there be" 结构中的时态与语态。

① "there be" 结构可以有一般现在时、一般过去时、将来时和完成时。

例1：There are some books on the desk. 桌子上有一些书。

例2：There was an accident last night. 昨晚发生了一个事故。

例3：There were many students at the concert. 许多学生参加了音乐会。

例4：There have been many changes in the village recently. 最近这个村庄发生了许多变化。

例5：There will be a good wheat crop this year. 今年小麦将有一个好收成。

② "there" 可和各种助动词或情态动词连用。

例1：There may be a bird on the branch. 树枝上也许有一只鸟。

例2：There must be no more time wasted. 不能再浪费时间了。

例3：There used to be a cinema here before the war. 这里战前曾有一座电影院。

③ "there be" 结构中的谓语动词可以是 be going to/seem to/happen to/used to/be likely +...+... (原形)。

例1：There seems to be something wrong with it. 它好像有点毛病。

例2：There happened to be a car nearby. 碰巧附近有一辆车。

例3：There is likely to be a storm. 可能有一场暴雨。

例4：There isn't going to be any meeting tonight. 今天晚上没有会。

④ "there be" 结构中的谓语动词有时可采用被动语态。

例1：There was said to be a fairy in the forest. 据说树林里有一位仙女。

例2：There is expected to be more discussion. 希望多讨论。

例3：There is reported to be a number of the wounded on both sides. 据报道，双方都有伤者。

(三) 英语基本句型的扩展

英语句子构成的主要基本成分有主语、谓语、宾语、表语，以及附属成分——定语和状语。每个成分可以由词、词组，甚至是句子来充当，因而就形成了句子的不断扩展，构成了长难句。

简单句中每个成分其实都可以通过形式变化、句法叠加而得到扩展，从而很轻松地转变成复合句或长难句。

二、句子的分类

(一) 按使用目的分类

1. 陈述句

陈述句用来说明一个事实或陈述说话人的看法。

2. 疑问句

疑问句用来提出问题。

3. 祈使句

祈使句用来表示请求、命令、叮嘱、邀请、劝告、警告等。

4. 感叹句

感叹句用来表示说话时的惊异、喜悦气氛等情绪。

(二) 按结构分类

1. 简单句

简单句只包含一个主语（或并列主语）和一个谓语动词（或并列谓语动词）。

2. 复合句

复合句是指包含两个或两个以上的主谓结构句子，即主从复合句是由关联词连接主句和从句构成的。常见从句有主语从句、宾语从句、表语从句、定语从句、状语从句、同位语从句等。

3. 并列句

并列句是由并列连词或分号把两个或两个以上简单句连在一起的句子。

并列句还可以分为以下类型。

(1) 转折关系并列句。两个句子之间存在意义转折的关系，并用"but, yet"等连接词连接，即构成"转折关系并列句"。

(2) 因果关系并列句。两个句子之间存在因果关系，并用"so, for"等连接词连接，即构成"因果关系并列句"。其中，"so"引导的是"结果"，而"for"引导的是"原因"。

(3) 递进关系并列句。两个句子之间存在意义递进关系，并用"and"等连接词连接，即构成"递进关系并列句"。

(4) 对比关系并列句。两个句子之间存在对比关系，并用"while, whereas"等连接词连接，即构成"对比关系并列句"。

(5) 无连接词并列句。两个句子之间有一定的逻辑关系，但却没有用任何逻辑连接词，只用分号（;）连接两个句子，即构成"无连接词并列句"。无连接词并列句也是常见的并列句形式，分号一般表示两个句子是并列关系，且两个句子在内容逻辑上有内在的联系。

(三) 按照字数多少分类

1. 短句

短句是指修饰成分少、结构简单的句子。它短小精悍、简洁明快、生动活泼、节奏感强，多用于陈述重要的事实和想法。

2. 长句

长句是指修饰成分多、结构复杂、内容丰富的句子。它容量大，能使表达严密、准确、细致，使条理贯通，可用于解释观点或描写细节。长句是句式写作中的难点，最好的方法是以简单句为基础，配合适当的并列句和复合句。简单句可长可短，通常要加些修饰成分，如分词短语、介词短语、不定式短语等。

(四) 按照修辞效果分类

英语句子按修辞效果可以分为松散句、圆周句和均衡句。在松散句里，主要的意义先出现，补充的信息后出现。如果我们把后面的补充部分或次要部分略去，剩下的主要部分仍然是一个句子。写文章的人用松散句达到自然、简朴、直截了当的效果。一般有以下几种情况。

（1）当一个简单句由主语到谓语、宾语、状语时，它就是松散句。例如：He got up at six o'clock yesterday. 他昨天六点起床。

（2）并列句总是松散句。例如：Some are listening to music, and the others are watching football match on TV. 有的在听音乐，有的在看电视上的足球比赛。

（3）复合句的主句出现在从句的前面时，这一复合句是松散句。例如：My brother cried loudly as soon as he arrived. 弟弟一到，就大声哭了起来。

（4）并列复合句始终属于松散句。例如：My mother often talks about the Girl who is washing the clothes by the water; but she does not impress me at all. 我妈妈经常和在水边洗衣服的女孩说话；但她一点也没给我留下深刻的印象。

圆周句也叫掉尾句，直到句尾才把主要的思想讲完。如果我们把后面的部分略去，剩下的部分就不能成为一个句子。圆周句往往比松散句有力、语气更强，因为它把主要的意义放在最后，在读者心中造成一种期待感（a sense of expectation）。当一个简单句的补充信息放在主谓结构前面时，它就是圆周句，例如：Two minutes later the police came. 两分钟后，警察就来了。当从句在主句的前面时，复合句是圆周句，例如：Though she studies hard, she has got little progress in spoken English. 虽然她学习很努力，但她的英语口语进步不大。

均衡句的两大部分或几大部分结构相似，但意思往往相对。

均衡句不经常出现于口语文体之中，但有时用于说明文和议论文中，特别是用于表现观点相对时，可以增强表达效果。

松散句和圆周句主要有以下区别。

①句义重点（the main idea）的位置不同。松散句主语在句首，句义重点在所有补充信息之前，而圆周句主语在句尾，待到句尾才出现句义重点。

②有无句义高潮的不同。松散句无高潮，它将重要的事实或观点先呈现在读者面前，而圆周句有高潮，其句义逐渐增强最后达到顶点。

③有无悬念（suspense）的不同。松散句语势平缓，不造成悬念，而圆周句跌宕多姿，语势较强，造成悬念。

（五）按照句子作用分类

根据在一段话中的作用，英语句子可以分为主题句、支撑句、关联句和总结句。主题句包含了一段的主题或中心思想，经常出现在一段的开头，有时也出现在一段的中间或末尾。有时一段话没有主题句，其主题句包含在那段话之中。主题句提出段落阐明的主题。主题句是一段中最概括、最重要的句子。支撑句指的是一段中用来发展主题或中心思想的那些句子。支撑句分为直接支撑句和间接支撑句。直接支撑句只有一个目的，即告诉读者有关主题的新的或不同的东西，以发展主题或中心思想，使中心思想更加清楚。间接支撑句有两个目的：一是告诉读者有关直接支撑句的东西，以发展直接支撑句；二是帮助直接支撑句发展中心思想。关联句帮助作者顺利地从一组思想过渡到另一组思想。总结句可以总结整个段落，重复主题句中的主题，评论前面说过的预言可能会发生什么情况，提出解决问题的办法等。

三、英语句子写作的原则

（一）句子的统一性

句子的统一性主要包括句子写作时必须遵循的四大原则。

1. 对等原则

如果一个句子要表达两个同等重要的思想，通常用两个并列句分别表达。并列句之间相互独立，互不隶属。例如：Students may live in the dormitories or they may live in off-campus houses. Mary has completed two math courses, but she must still take calculus. 学生可以住在宿舍，也可以住在校外的房子里。玛丽已经完成了两门数学课，但她仍然必须学习微积分。

2. 隔离原则

如果两个思想完全不相关，则一定要用句号把它们隔开。例如：George is a painter. Anyhow, I want to sleep now. 乔治是一位画家。不管怎样，我现在想睡觉。

3. 主从原则

当一个句子表达的两个思想有主次之分时，句子由主要子句（主句）和次要子句（从句）构成，主句表达主要思想，次句表达次要思想。例如：The telephone rang while I was having lunch. You have to get up earlier if you want to get to school on lime. 我正在吃午饭时电话响了。如果你想吃石灰上学，你必须早起。注意：意思有主从关系的句子，位置不能颠倒，否则会句意错乱、不合逻辑。

4. 平行原则

平行原则是指用类似的语法形式来表达类似的概念，即在一个句子或一组句子中重复出现的相同或类似概念必须具有相同或类似的语法结构。

（1）单词平行。例如：The doctor suggested plenty of food, rest, andexercise. 医生建议多吃、多休息、多运动。

（2）短语平行。例如：They had their choice of watching television, going shopping, or eating out. 他们可以选择看电视、购物或外出就餐。

（3）从句平行。例如：They are looking for a house that has four bedrooms and that sits on a hillside lot（地段）. 他们正在寻找一座有四间卧室并且坐落在山坡上的房子。

（二）句子的一致性

1. 主谓一致原则

主谓一致原则是指主语和谓语必须在语法或意义上保持一致，主要有以下几种情况。

（1）讲法一致原则。

①指句子谓语部分必须与主语中心词在单、复数形式上保持一致，即单数名词接动词单数形式，复数名词接动词复数形式，例如：Her job has something to do with computers. ②主语是不定式短语、动名词短语或名词从句时，谓语动间用单数。例如：To become doctors is their ambition.

（2）意义一致原则。

①在"the+形容词等于名词"这一结构中。若表示复数名词（通常指人）则用复数动词；若表示单数名词（通常为抽象名词），则用单数动词。前者如"the poor, the rich, the old, the young, the learned, the wounded"等，后者如"the true, the good, the beautiful, the unknown"等。

②"All"作主语，若表示事物，谓语用单数；若表示人，则谓语用复数。

③"a number of"后接复数名词表示复数概念，用复数动词；"the number of"后接复数名词表示的是单数概念，须用单数动词。

④"all, most, half, part, some, the rest, the majority, a lot, lots, plenty"等，若后跟单数名词，则谓语用单数；若后跟复数名词，则谓语用复数。例如：All of his money is spent on hooks.

⑤由"and/both...and"连接的并列主语，如果意义为复数，谓语动词用复数。例如：The fishing and the hunting in Arizona were good that year.

⑥"more than"和"more...than"所引导的名词短语，表示的是复数概念，谓语动词用复数。例如：More than one hundred men and women are working in this workshop.

（3）就近一致原则。

当句子中的主语由"or, either. or, neither. nor, not only. but also, no one except"等连接时，谓语部分与最临近的主语部分保持一致。例如：Not only the students but also the teacher wishes for holidays.

（4）形单意复主语的主谓一致原则。

①有些表示总称意义的集体名词。单数形式代表复数的内容，如"people, police, poultry, team, family, class, crowd, public, arm y, audience, band, board, clan, club, committee, company, crew, firm, flock, jury, majority, minority, orchestra, partly, staff, swarm, troop"等作主语时，谓语动词用复数。例如：Some people spend a lot of money on clothes.

②有些集体名词若着眼于整体，谓语用单数；若表示集体中的各个成员，谓语则用复数。例如：The football team is playing very well.

③"Chinese, English, French, Japanese"等表示语言时，谓语动词用单数；表示人民时，谓语动词用复数。例如：Chinese is a difficult language.

2. 主补一致原则

（1）形式一致原则。主语补足语是对句子主语的补充说明，必须在形式上保持一致。例如：Both Jim and Jackson are graduate students. 吉姆和杰克逊都是研究生。

（2）意义一致原则。在某些情况下，由句子意思决定其补语的形式。例如：My principal anxiety are my aged father and sickish mother. 我主要的焦虑是我年迈的父亲和生病的母亲。

（3）概念一致原则。当主语补足语表示一个整体概念或相当于一个形容词时，不管主语是单数还是复数形式，主语补足语一律用单数。例如：Good manners is a rarity among young people. 良好的举止在年轻人中是罕见的。

3. 代词一致原则

（1）性、数、人称一致原则。代词一致是指句子中的代词应与它所对应的前述词在性、数、人称等方面保持一致。例如：I told every student what I thinkof him. 我告诉每个学生我对他的看法。

（2）指代一致原则。代词必须与其前述词有明确的指代关系。当句子中的一个代词可以指代一个以上的前述词时，要用具体名词取代该代词，以避免指代模糊。例如：We met Tom and Bob yesterday and he said that he would buy that book. 我们昨天见到了汤姆和鲍勃，他说他会买那本书。

4. 时态一致原则

一般指主句为过去式时，从句的时态必须和主句保持一致。若从句的动作先于主句则用过去完成时，若从句的动作晚于主句则用过去将来时。例如：He said that he would be back the next day. 他说他第二天就回来。

但从句所叙述的是真理或不变的事实，或表示习惯性的动作时，谓语动词用现在时。例如：He told me last week that he is eighteen. 上周他告诉我他十八岁了。

第三节 大学英语段落写作教学

一、段落的构成

文章中的段落一般是由主题句（topic sentence）、扩展句（developing sentence, supporting sentence）和结论句（concluding sentence）组成。

（一）主题句

1. 主题句在段落中的位置

主题句是用来概括段落的内容、表明作者的观点或写作意图的句子，是段落发展的依据，起着提纲挈领的作用。段落中的其他句子均须围绕主题句所表达的中心思想而扩展。它不仅点明主题（topic），而且也给该主题确立主导思想（controlling idea）。因此主题句通常由两个部分组成：一部分为主题，另一部分为作者观点，即限制主题范围的段落中心思想。

（1）主题句在段首。主题句的位置很灵活，可以在段首、段尾或段中。段首主题句最常见也最有效，这种类型的主题句开门见山的点出问题，一下抓住读者的注意力，突出主题。而且，它有一个重要的作用是有利于段落的进一步扩展，便于作者紧扣主题，层次清楚地组织段落，阐明问题。同时也反映了人们的思维从一般到特殊（general to specific）的过程，也称为演绎推理（deductive reasoning），即从已知的一般性结论推断出特殊的、个别性事物的属性的推理方法。从段落结构来说，先总后分，先给出主题句点明段落主题，然后给出扩展句。

（2）主题句在段尾。主题句还可出现在段尾，作为一段结束时对整段文字进行总结概括，从而给读者留下深刻的印象，或者是需要对某些问题先进行澄清，再说明主要观点，或是需要先提供一些线索才能得出结论。主题句位于段尾，反映的是人们的思维从特殊到一般（specific to general）的过程，也称之为归纳推理（inductive reasoning），即从许多个别性的事例中，归纳出一般性的结论或规律。从段落结构来说，先细节再概括，由已知推未知。这种方法有利于读者对某一观点或结论产生兴趣和悬念。

（3）主题句在段落中间。主题句有时会出现在一篇文章的中间，这时主题句前面的句子通常是过渡句，起着承接上段的作用，然后出现主题句，用于引起下文。此时主题句的位置并不一定是在段落的正中，可能靠近第一句，也可能与段尾句相近。

在将事物进行比较或对比时，或者先举事例，然后概括，在引申说明的段落中主题句可放在中间位置。

例如：Californians and New Englanders are both American. They speak the same language and abide by the same federal laws. But they are very different in their way of life. Mobility, both physical and psychological, has made a great impression on the culture of Californians; lack of mobility is the mark of the customs and. morality of New Englanders. 加利福尼亚人和新英格兰人都是美国人。他们说相同的语言并遵守相同的联邦法律。但他们的生活方式却大不相同。流动性，无论是生理上的还是心理上的，都给加州人的文化留下了深刻的印象；缺乏流动性是风俗习惯的标志。新英格兰人的道德。

尽管主题句可以出现在段落中的任何位置，但对于英语写作的初学者来说，大多数情况下，采用段首主题句的方法进行写作练习，便于扩展和限制全段的写作，是一种行之有效的方法。我们必须明确，主题句无论出现在段落何处，都必须是段落内容的焦点，即必须涵盖段落其他句子所阐述的论点。

2. 写好主题句的要点

（1）主题句必须是完整的句子，而不能是短语或从句。

（2）主题句必须言简意赅。主题句的基本作用是表达段落的主题思想，所以要尽可能写得简洁，避免使用冗长复杂的句子结构。

（3）主题句在段落中所包含的内容切忌过泛或过窄。

（4）写好主题句的支配思想。如前所述，主题句由主题和支配思想两部分构成。支配思想的作用是导向和制约。所谓导向就是规定段落的发展脉络，所谓制约就是限制主题的覆盖范围，两者不可分割。

（二）扩展句

英语段落的扩展句包括主要扩展句和次要扩展句，主要扩展句（major supporting Statement）的特点是：围绕段落主题句展开的每一个扩展句本身都不要求做进一步的说明或证明，句与句之间的关系是相互独立又是互相连接的。

主题句指出影响气候的几个因素，然后用四个扩展句说明四种因素：第一种是太阳光的接收量，第二种是海拔高度，第三种和第四种分别是海洋和大气环流因素。

次要扩展句（minor supporting statement）是指对主要扩展句做进一步的事实分析和举例说明。它从属于某一个或某几个扩展句。

主要扩展句与次要扩展句的关系基本可以遵循"三部分"（three part）规则，即：第一部分，每个主要扩展句都应该是对主题句中表示主要思想的关键词的直接、明确的说明。第二部分，每个次要扩展句都应该说明它的主要扩展句。第三部分，含有讨论说明或分析的问题通常既要有主要推展素材，又要有次要推展素材。段落主题句给出段落的主题思想，发展句则用来发展、证明或支持这一主题思想。发展句必须切题、明确、层次分明。发展句是对主题句进一步的引申与发展，然而引申与发展的方法是多种多样的，比如最实用的方法，即设问——解答法（Why—Because）。按照这种方法，就是要在句子展开之前先加以设问，也就是提出一个问题，然后再针对这一问题进行解答。

（三）结论句

1. 结论句的作用

结论句通常是对这一段的概括和总结，可以用不同的方法再现主题或者对所阐述的一些要点进行总结、概括。在一个段落里，结论句并不是必不可少的，但因为其具有段落结束的标志（如：in summary, in conclusion, in short, in a word, finally, in brief, in sum, to conclude, all in all, to sum up 等），能对主题加以评论，进而使读者对全文的中心思想留下深刻的印象，并可以增添文章的效果和说服力等。所以，结论句的作用不可忽视。

2. 结论句的写法

文章的开头很重要，因为好的开头可以吸引读者，抓住读者的注意力。同样，文章的结尾也很重要，好的结尾会使读者对全文的中心思想留下深刻的印象，可以增添文章的效果和说服力，让人深思，回味无穷。下面介绍几种最常用的方法。

（1）结论性：通过对文章前面的讨论，引出或重申文章的中心思想及观点。

（2）后果性：揭示所讨论的问题若不解决，将产生严重的后果。

（3）号召性：呼吁读者行动起来，采取行动或提请注意。

（4）建议性：对所讨论的问题提出建议性的意见，包括建议和解决问题的具体方法。

（5）方向性：其与建议性的唯一差别就是对解决问题提出总的、大体的方向或者指明前景。

（6）意义性：文章结尾的时候，从更高更新的角度指出所讨论的问题的重要性以及其深远的意义。

（7）应用引语：用格言、谚语或习语总结全文，既言简意赅又有更强的说服力。

以上介绍了几种英语段落结尾写作最常用的方法，但到底选择何种方法结尾还得根据文体来决定。平铺直叙的记叙文，往往在故事或事实情节讲完时文章也就自然结束了，而说理性和逻辑性较强的说明文和议论文都应有一个正式的结尾。

二、段落的基本特征

（一）段落的整体性

段落写作要遵循整体性或统一性（unity）原则，这是段落写作的重要要求之一，对于任何文体的写作都极为重要。段落的整体性是指段落内容应保持一致，每个段落只能阐述一个中心思想，每个句子都应与主题句密切相关，任何游离于中心思想之外的句子都是不可取的，从而形成一个结构严谨的段落结构。

段落的一致性是一个段落的意思是否清楚的关键。所以，段落写作要保持段落内容的一致、思想的完整和逻辑的合理。

（二）段落的连贯性

段落写作的另一个重要要求是连贯性。连贯，一是指结构上的连贯，二是指内容上的连贯。也就是说，文章的结构层次和连接应按照一定的逻辑顺序编排，在一个句子衔接下一个句子时,或者一个段落连接下一个段落时,必须合乎逻辑,连贯紧凑,不应有跳跃。句子和段落衔接自然流畅,文章才能层次分明,脉络清晰。保持段落连贯的手法有很多,这里主要讨论以下两种。

1. 用转承词

表明一个意思是怎样与下一个意思相连的转承词按其语法作用可分成四大类:并列连词、连接副词、从属连词、介词和限定词。

(1) 并列连词(coordinator)连接两个独立的句子,构成一个并列句。在第一个分句后必须用逗号。

(2) 连接副词用于把一个句子同另一个句子连接起来构成一个并列句。例如:I dislike fishes; therefore, I never eat them. 我不喜欢鱼;因此,我从不吃它们。

连接副词可以位于句首、句中或句尾。在句首时,只在连接副词后加逗号;在句中则是在连接副词前后加逗号,但如果句子连接词仅是一个词,逗号可省略;在句尾则在连接副词前加逗号。例如:On the other hand, fishes are good for you. 另一方面,鱼对你有好处。

(3) 从属连词连接从句与主句,构成复合句。从句的位置可在主句前,也可在主句后。当状语从句出现在主句之前时,常常带有逗号;但若状语从句在主句之后,则不需要用逗号将其与主句分开。例如:Although Fishes are good for you, I never eat them. 虽然鱼对你有好处,但我从不吃它们。

(4) 介词和限定词在标点符号方面没有特定的要求。常用的介词词组有"because of, due to, in spite of"等;常用的限定词有"another, additional, final"等。例如:I dislike fishes because of a terrible experience I once had. 我不喜欢鱼,因为我曾经有过一次可怕的经历。

2. 按照一定的逻辑顺序排列句子

段落中句子的排列应遵循一定的次序,不能想到什么就写什么。如果在下笔之前没有构思,边写边想,写写停停,那就写不出一气呵成的好文章来。采用何种逻辑顺序应取决于文章的主题和写作目的,最常见的逻辑顺序是时间顺序、空间顺序和主次顺序。在同一个段落写作中,可以把不同的逻辑顺序有机地结合起来。

(1) 时间顺序。

(2) 空间顺序。

(3) 主次顺序。

三、段落的写作技巧

一个段落如何展开,随着写作的目的和内容而变化。因此,我们需要学习一些常见的、典型的发展段落的方法,把它们有效地运用到不同文体和内容的段落写作中去。常用的段落展开方法有:列举法、举例法、比较与对比法、叙述法、分类法、因果分析法等。

(一) 列举法

列举法(也叫作罗列法),是一种最常见的展开段落的方法。用这种方法展开段落,作者先点明论点,然后列举一系列的论据对其进行陈述或解释。列举的内容可能是一连串的事物、事件、理由以及同一个问题的不同方面等。列举的顺序可以根据各点内容的相对重要性、时间的先后或地理位置的远近等关系来进行。

在使用列举法展开段落时，最忌讳的是内容的重叠或罗列出与段落主题不相关或关系不大的内容。

（二）举例法

举例法（也叫作例证法），也是一种常见的段落发展方法。这是用具体例子来说明人或事物的特点、本质及其规律的方法。作者往往在主题句中开门见山地摆出自己的观点，然后举出具体事例，可以是相关的几个例子，也可以是一个主要例子，通过这些事例来支持自己的观点。所用的例子必须具有代表性、典型性，能体现人或事物的本质特征，使读者能感受到具体的事情，或者是读者较为熟悉的日常事件或现象，并有助于说明主题句中的支配思想。在结尾处宜重新陈述主题句的观点。这种方法也属于归纳法，即由特殊来说明一般的方法，对初学者比较适用。通常在主题句后，用"for example"或"for instance"等来引出具体的例子。

（三）比较和对比法

比较和对比法是一种主要说明相同点和不同点的段落展开方式。比较的主要目的是指出两个以上不同事物的共同或相似之处，对比的主要目的则是指出不同的人物、事物等在某些方面的不同之处。因此，寻求事物的相似或相同点时使用比较，寻求事物之间的不同或相异之处时使用对比。

（四）叙述法

用叙述法发展段落主要是按照事物本身的时间或空间的排列顺序，通过使用一些特有的过渡连接词，有层次、分步骤地表达主题句。用这种方法展开段落，作者能够清楚连贯地交代事物的本末，从而可以使读者清晰、完整地理解文章的含义。

（五）分类法

在阐述某一概念时，常用分类法。对概念中所包括的事物进行分门别类，分别加以叙述，可以使读者有更为清晰的认识。

（六）因果分析法

在阐述某一现象的段落中，常采用因果分析法。

例如：The role of women in today's society is changing. One reason is that women have begun to assert themselves as independent people through the women's movement. Also, women are aware of the alternatives to staying at home. Another reason is that increasing numbers of women who enter new fields and interests serve as role models for other women. Moreover, men are becoming more conscious of the abilities of women and have begun to view their independence positively. 女性在当今社会中的角色正在发生变化。原因之一是女性已经开始通过妇女运动表明自己是独立的人。此外，女性也了解待在家里的其他选择。另一个原因是，越来越多的女性进入新的领域和兴趣成为其他女性的榜样。此外，男性越来越意识到女性的能力，并开始积极地看待女性的独立性。

本段中，主题句提出了一种社会现象，扩展句则对产生这种现象的原因做出各种解释。常用于因果分析法的连接词有"because, so, as a result"等。

第八章 大学英语跨文化教学理论

第一节 大学英语跨文化教学理论基础

一、大学英语跨文化教学理论概述

语言变化与社会发展同步进行,帮助学习者适应社会政治、经济及文化交际能力成为学习者适应这一时代发展需要的必备能力和基本条件。

大学英语跨文化教学理论基础教学为世界其他国家,包括中国的外语教学改革树立了榜样,我们在引用西方理论来分析中国外语教学所存在的问题时,其适用性和有效性是相对的、有限的,创建一套适合中情的跨文化外语教学模式就是主要目的。

(一)语言教学与文化教学的关系

传统外语教学的基础学科——语言学,由此衍生出社会语言学、心理语言学等分支学科,使语言与思维、文化和交际之间产生千丝万缕的联系。语言具有表情达意的交际功能,前者是语言外显功能,以语言输入和输出为形式。

通过各种身体器官感知结果,然后经过大脑活动转换成概念或思想,即输入、内化阶段。要让对方知道自己的思想,这就是语言使用的外化、输出阶段。在这种情况下,学习者只能用它来表达自己本族文化的一些思想内容,因为离开了该语言所反映的社会文化现实就失去了其原有活力和价值。

外语学习的目的各有不同,提高学习者外语交际能力是共同目标。通过目的语文化与本族文化进行对比,关注语言符号和语言形式,外语教学应该与文化教学有机结合。

(二)跨文化外语教学是外语教学发展的需要

外语教学是一个非常复杂的、以应用为目的的科目,因此,必须利用不同学科的研究结果来建立外语教学理论。外语教育的目的是对社会和学习者个人发展服务,随着社会迅速发展,教育计划和教学方法的调整是第三种社会化进程的基本内涵。

在语言文化与文化间的关系以及外语交流的需要上看,跨文化外语教学非常重要。文化是外语教学有机组成部分,将外语交流知识与实际人和事物结合起来,并提高学习动力,促进外语学习。语言教学和文化教育相结合符合文化交流能力培养的目标,这仅仅是一项通过非交流和沟通进行的非直接文化研究,因此,要满足感情和行为之间交流能力的要求,还十分困难。

二、大学英语跨文化教学的目标与内容

(一) 跨文化外语教学的目标

跨文化外语教学的总体目标是：提高学习者的外语交际能力；培养学习者的跨文化交际能力。

教学目的和标准的确定基本上属于一种政府行为，委托数名专家组成项目组进行调查研究，最后再由教育部门审定和颁布。同样，跨文化外语教学也应该具有自己的特色，不能全盘照搬西方国家的做法。

1. 知识层面

知道语言的基本特点和功能。

知道文化的基本概念和特点。

理解文化与语言之间的相互作用。

了解篇章结构的特点。

了解目的文化的交际风格。

了解目的文化的非语言交际特点。

了解目的文化的社会结构。

了解目的文化的历史、地理和环境。

2. 能力层

语言能力：能够准确、流利地使用语言知识。

非语言交际能力：能够根据交际对象和交际环境，调整自己的非语言交际行为。

能够分析和观察文化现象。

能够反思并更好地理解自己的民族文化和个人文化参考。

能够根据交际场合和交际对象调整自己的言行。

能够采用灵活的、多角度的立体思维方式。

3. 态度层面

意识到民族中心主义思想的存在及其危害。

对文化差异采取一种包容、开放和接受的态度。

意识到不同文化没有好坏优劣之分，只有异同的存在。

(二) 跨文化外语教学的内容

外语交流能力的目的是要识别和应用目标语言和目标文化，并考虑到学习其他语言和文化特性，这样能有效地与来自世界不同文化的人们交流。

应将语言的意识作为一种教导方式，应当让学习者了解语言的一般规律，特别是语言、社会和文化的关系。作为目标文化的一部分，文化内容寻求文化交流，同时学习文化知识，努力寻找机会，并反映家庭文化，以便提高文化差异敏感性，从而增进文化差异理解。

文化外语教学内容的另外一个范畴是跨文化交际能力培养。其中：文化意识指的是对文化差异敏感性和态度培养，是一个包含知识、能力和情感各个层面的综合素质，作为教

学内容之一，让学习者去体会跨文化交际过程中可能出现的问题，在教师的帮助下，掌握解决问题的方法。

三、大学英语跨文化教学传播

（一）跨文化传播与英语的强势地位

1. 文化传播

（1）概念介绍。文化传播又称文化扩散，可分为直接传播和间接传播。主要指某一社会群体借用外来文化特征中的原理。由于文化源地、文化传播方式和路径以及影响扩散因素的复杂性。通常一个区域在文化特征方面与另一区域存在较高的相似性。

（2）传播过程。

①接触和显现阶段。这一联络和行为训练是指某个在社会中出现的某种或多种异国文化因素。

②选择阶段。选择期指表现出来的批评、选择或拒绝文化因素。

③采纳融合阶段。直接采纳就是直接接受外国文化或文化因素，间接传播是一种文化因素引入一个自己地区，在当地鼓励人们建设一种新文化。

（3）传播媒介。文化交流的媒介主要是移民和民众迁徙。如今，交通和通信技术开发并不一定取决于移民和流动。

（4）主要分类。文化交流包括物质文化交流、媒体文化交流、报纸文化交流、电视文化交流、网络文化交流、形象文化交流、体育文化交流、服饰文化传播和旅游文化交流。

2. 跨文化传播

随着现代传播技术的高度发展，以对一种共同语言的理解来吸收和传播文化成为必然。将语言和文化教学相结合，利用现代通信理论指导英语教学，并运用现代教学方法，提高学生从文化交流角度使用语言的能力。

（1）概念介绍。跨文化传播是指不同地区、民族之间日益频繁的文化信息接触和交流现象。对于不少人来说，跨文化传播依然是一个非常陌生的词语。

跨文化传播与各种文化信息在时间和空间中的流动、共享和互动过程相关联，以及人类各个文化要素的扩散、渗透和迁移。正是经由跨文化传播，维系了社会结构和社会系统的动态平衡。

（2）跨文化传播的作用。当文化传播渗透于人类社会的一切活动之中。没有跨越文化的传播，更没有人类的进化和文明。

（3）跨文化传播历史。人类进行跨文化传播活动的历史可谓源远流长。西方探险家迪亚士、达-伽马、哥伦布等人的足迹从欧洲延伸到世界各地，伴随而来的海外贸易与殖民活动促进了世界范围的交往。

交通和通信工具的日新月异，跨文化传播对于我们来说不再是稀罕的事情。人们足不出户，便可以进行跨文化传播了，使得人类进入一个高度信息化社会，不同文化和信息混合传播成为时代特征。凡是具有不同文化背景的人们之间的交流我们就认为是跨文化传播。因此，我们可以说几乎每天都在进行跨文化传播。不能进行空泛比较，我们所指跨文化传播是跨国和跨种族之间的交流，其次，要注意亚文化和地区文化的特点。

（4）文化传播与跨文化传播的比较。文化传播是指一种文化的扩散，它所研究的是一种文化扩散的轨迹、结果等现象，而跨文化传播，实际上是一种方法论研究。文化传播属于社会学和文学历史领域，而跨文化传播则应该归属到传播学研究的领域。

3. 跨文化传播学分析

（1）跨文化传播学。应运而生，寻求有效的交流途径。跨文化传播学是一门跨领域的学科，融合了人类学、心理学以及传性差，主要表现在以下几个方面。

①编码的发音和形状不同。

②词汇量不同。

③编码顺序不同。

（2）跨文化传播学研究的时代背景。跨文化传播学始创于美国并不是偶然的。为了冷战的需要，为了跟苏联抗衡，大力扶植欧洲经济发展，于是大量的专家、企业员工被派往欧洲。美国在政治和经济上成为一个超级大国，吸引着世界各地的留学生和移民。许多由美国政府和企业外派的工作人员都因文化差异，最终无功而返。

（3）跨文化传播与跨文化传播学的比较。跨文化传播指的是来自不同文化背景的个体、群体或组织之间进行的交流活动。世界经济一体化趋势日益明显的今天，因特网的快速发展以及普及，便可以进行跨文化传播了。人们完全可以通过文字、图像等形式与来自境内外不同文化背景的人聊天、游戏。

4. 英语强势地位

（1）英语强势地位的表现方式。

①英语强势地位表现为使用英语人口的分布和影响范围。世界上有十余个国家的人将英语作为母语，或作为第二语言使用。到2050年，世界上将有一半的人会熟悉、掌握英语。尽管汉语为母语的人口已经超出十三亿人，但是汉语人口却主要集中在中国和世界其他国家的华人中。随着中国国力的增强，也出现了汉语热，但与英语不能同日而语。

②英语的强势地位还体现在英语的应用范围之中。随着全球化和信息化的到来，包括政治、经济、外交、旅游、通讯、自然科学和人文科学的学术研究等。目前世界上有60多个国家将英语作为官方语言。

③英语强势地位在科学研究领域的交流中尤为明显。在科研领域，英语的强势地位已势不可挡，国际交流与合作时，人们通过英语进行交流。

④英语强势地位在我国也较为明显。过去的几十年来，在我国流行很多种英语教材和教学方法。我国约有三亿人口在学习和使用英语，而且这个数字还在不断增加。在我国，不但要求初高中以上所有学生必修英语，成为与世界交流的工具，几十年来英语普及教学在中国迅速进行，但还远远不够。因此，英语教学工作仍任重而道远。

（2）英语强势地位的成因。工业革命使英国在当时的世界上成为一大强国，英语也随着日不落帝国的对外扩张开始在世界各地流行并传播。但英语真正作为国际性语言出现还是19世纪以后的事情。

英语与印欧语系的所有语言都有联系，对于西欧人、俄罗斯人、伊朗人来说，英语的语法和词汇与他们的母语有相似之处。随着全球化进程不断加快，信息、人员交流日渐密切，学习英语对于了解世界政治经济、科技动态以及生活各方面信息的作用显而易见。

（3）英语强势地位的特点。我们不难发现，国际传播中英语强势地位的3大特点。

①英语强势的实质是讲英语国家的强势。

②这种英语强势不可抗拒。

（4）英语强势地位的影响。

①对英语国家的影响。对英语国家或以英语为母语的人口而言。首先，英语强势使得这些国家在政治、文化等各个方面的强势趋势进一步强化。其次，英语强势还会促使这些国家的国民自然产生一种民族优越感。从长远讲，这种是英语强势给英语国家带来的最大好处。

②对非英语国家的影响。面对英语强势的不可抗拒性，许多非英语国家觉得无可奈何，因为这些文化入侵所带来的影响虽然看不见、摸不到，但在短时间内无法改变。

③对中国的影响。英语强势对我国的影响应该说正面和负面兼具。英语强势的直接作用是促使英语在我国大范围普及，改善了我国与世界接轨的软环境。许多中国学者对当今英国实力和受欢迎程度的潜在威胁表示关切，只要能将英语强势处理得当，我们就可以更快、更好地实现国家现代化和富强。

有生命力的语言从来不怕异物"入侵"。从另一个角度来看，汉语在英语强势面前能够有效吸收，面对英语的强势和我们汉语的弹性，要去除忧虑感。

我们如果能吸取外国文化的精华，去其糟粕，更显其强大的生命力。

（二）跨文化传播与英语教学

教育传播应当定义为：为了培养和培训人员而传播信息的活动。教育是一种有目的并对人们进行信息传播的活动。了解英语国家文化有助于学习英文，培养世界意识。

1. 进行跨文化传播教学的原因及目的

随着社会科技和经济的发展，国家之间的教育交流与合作日益频繁。国家的发展主要依靠教育，国际型人才的培养和竞争成为教育国际化的核心。

在我国传统的学校教育中，把知识灌输给学生，学生是被动的接受者。文化差异是跨文化交流的障碍，一个企业若想将自己的产品打入市场，需要高超的经济和技术手段并深入了解对象国的文化。

在不理解文化模式和标准的情况下，真正学习语言是不可能的，因为语言得益于文化，也是文化的重要组成部分。没有文化背景的语言无法存在，如果我们对目标语言文化一无所知，要想明白某些语言的意义就很难。

发展交流能力是英语教学与跨文化传播教学的主要目标。越来越多的人已达成共识，即交流能力应包括五个方面，即四种技能加上社会能力。语言能力和语用能力在社会生活中是相辅相成的，是达到语言教学目标的重要教学内容。

我们在过去的英语教学中，极少考虑文化的内涵和使用环境。这是我们学生在真正的跨文化交流中发生语用错误的症结所在。

2. 英语跨文化传播教学的理论基础

（1）认知建构主义理论。建构主义也称为结构主义。智慧本质上是一种对环境的适应，智慧的适应是一种能动的适应。

①学习是一种有意义的学习方法。获取知识是学习个人与外部环境之间相互作用的

结果。

②学习是协商活动过程。对外部世界的理解仅限于其自身经验，不同学习者对知识的理解不会相同。现在只有通过社会融合才能达成共识。

③学习是一项真正的经验。在真实世界中学习更有效。

学生的知识被社会互动所影响。由于对知识存在不同认识，所以在理解知识方面有一些差异。学生对知识的理解是多方面的。英语课上，教师进行跨文化交流，指导和培养学生在不同现实情况下使用英语的能力。

（2）探究式学习理念。学生主动探究的学习活动，它适用于各科的学习。它要求教师在教学过程中以问题为载体，让学生通过探究主动获得知识并运用知识。

①在英语教学中激发学生的学习兴趣，培养学生自主学习能力。鼓励学生以极大的兴趣学习英语是其先决条件和最重要的手段，也是学生学习积极研究的重要手段和改善英语教育质量的有效方法。它在为学生提供轻松而愉快的环境中起着特别的作用，从而提高他们的兴趣。

②在英语教学中培养学生反思性学习能力。反思性学习是以学生为主，激发学生主动思考，以积极研读和努力实践为目标，具有主体性、探索性、灵活性、创新性和开放性等特征。

③在英语教学中培养学生创新性学习能力。探究式教学特别重视学生智力开发和创新性思维培养，为终身学习奠定坚实的基础。教师不能独占整个教学活动时间，对学生进行有效的思维方式训练。

（3）人本主义理论。人本主义教学观是在人本主义学习观的基础上形成并发展起来的，认为教育的真正意义在于发现人的价值，发展人的个性。人本教学法的核心是对学习过程中的完整的人的充分尊重与重视。

人本教学法着重于教学过程。考虑怎样将学习内容与学习者的生活联系起来。教师的任务不是决定学生应该学什么，人本教学法主张以学习者为中心，注重情感因素。

（4）跨文化交流理论。跨文化交流理论认为，跨文化交流与外语教学密不可分。从交流角度看，外语学习是一种跨文化学习和跨文化交流的活动。

第二节 大学英语跨文化教学交际

一、跨文化交际与文化教学

（一）文化教学

1. 文化教学概念

语言是社会的产物，它是特定社会文化的载体。不同的语言代表了不同的文化，其本身也是精神文化的一部分，相互影响，相互作用。第一语言的习得同时也是第一文化的习得。我们同时也是在学习品鉴一国一族的文化，学习一门外语就意味着学习跨文化交际，学习一个不同于自己民族的文化。

2. 文化教学在英语教学中的地位

当谈论语言教学理论和实践的时候，大学英语文化教学实质上是一个语言适应于文化交际的过程。英语教学的目的是应用，特别是中西方文化，其差异很大。大学英语教学在强调语言本身的传授，使学生掌握英语语言技能的同时，重视培养语言能力以外的社会人文素质。现代社会跨文化交流已经成为一种趋势，在英语教学中注重英语文化内涵的教授是必经环节。

3. 文化教学的主要内容

大学英语中的文化教学可以激发学生学习英语的积极性，随着文化知识的积累和丰富，学生对语言会理解得更透彻。

(二) 跨文化英语文化教学的原则

英语教学中加强文化教学对加深语言内涵的理解、提高学生的跨文化交际能力，都将起到重要作用。

1. 文化平等原则

世界上各个民族历史文化传统不同，但各种文化都是平等的，各种不同的文化并无好坏之分。

必须克服以本民族的文化标准来衡量或判断对方的言行的想法和行为。因此，在英语教学中，必须让学生树立文化平等意识，以中立的态度理解和学习西方文化。

2. 吸收原则

全盘目标文化与全盘本位文化都是不可取的。去粗取精是必然结果。

3. 有效性原则

依赖于交际双方对宽泛的交际环境、具体的交际环境——情境因素和规范系统这些相关因素。这里宽泛的交际环境包括文化环境和自然地理环境因素；具体的交际环境——情境因素是指交际双方的社会地位、交际发生的场合、所涉及的话题。而规范系统是指某一社会成员规定的行为方式。跨文化交际双方要想进行有效交际，英语教学中文化内容的选择必须包括价值观念文化、情景文化、社会规范文化。

4. 适度原则

语言教学并不仅仅是文化教学，应重视教材教学的需要。

5. 循序渐进原则

语言和文化相互影响、相互作用，理解文化必须了解语言。

(三) 跨文化英语文化教学

传统的大学英语教学只注重纯语言能力的培养，很少讲授文化知识，也很少关注学生跨文化意识的培养。我们忽视了文化作为学科的重要性，而且，我们把文化融入课堂也无非是增强课堂的多样性，而没有把文化学习作为语言学习必不可少的重要目标之一来对待。

1. 有意识地去培养学生的文化差异意识

在课堂中有意识地把文化教学融入教学活动中。尤其是他们对待英语文化的态度。由于生活环境和生活习惯以及所受的教育不同。在这种情况下，让他们认识到，文化作为社会的产物。

2. 完善教学大纲

在教学目的部分明确提出跨文化交际能力的教学目标。教材编写的指导思想、选材内容与练习方法对教学活动的效果起着至关重要的作用。

3. 选择合适的文化教学材料

教师不要仅仅局限于英语是母语者的材料。过多地输入这些材料，从而忽略了其他英语非母语国家的文化。

4. 进一步改进教学方法

结合社会学、教育学和心理学的相关理论研究开发出来新的教学方法。

5. 文化知识输入和交际实践相结合

大学英语课程教学要求的目标是以学生语言技能、情感态度、学习策略和文化意识的发展为基础，提高人文素养，增强实践能力。教师不仅要讲授课文的重点词汇、语法，同时要加入中西方文化差异的对比。

6. 利用多种资源来增强学习跨文化交际知识

国家对高等教育加强重视并加大投资。多媒体技术能提供文字、动静态图像一体化的界面，使得课堂及教学更充实、逼真。学生可以从网上查阅或下载相关的文化资料，这种信息量和影视效果是传统课堂所无法比拟的。教师应充分利用科技带来的便利条件。提供真实的材料让学生去接触多元化的语言与文化。作用于学生的多种感官，为学生提供了原汁原味的文化认知素材，吸引学生积极参与并主动探索各种活动。很多复杂的文化现象，可以通过电影、声音解说。

在教学中可以引导学生阅读各类英文读物，让学生从各个方面接触西方社会文化，理解社会现象背后隐藏的文化差异，使学生对文化的了解更深刻。

7. 拓宽学生学习和运用英语的渠道

教师要定期举办有关中西文化比较、英语文化概要等关于英语文化知识的讲座。不论是在课堂上与外教交流还是直接参与到课外真实生活的交流中。

8. 培养教师的文化教育综合素质

教师肩负培养提高学生跨文化交际能力的重任，更新教育观念，树立英语教学是一种文化教育的思想。教师不仅应该精通传统的英语教育。英语教师作为学生跨文化交际能力的培养者、跨文化的传播者。在教学过程中应该有意识地加入文化背景的解释，学生就会很容易在学习中了解到英汉文化的异同点。

语言的教与学具体实施主要由教师及学生共同来承担。在教学上就要改变传统的教师讲、学生考前突击的教法，教师指导。学校应该为英语教师提供更多的机会去进修、交流或出国学习，提高理论素养。英语教师要有意识地扩大自己的知识面，以适应跨文化教育。

二、跨文化交际与英语教学

（一）跨文化交际

随着中国改革开放的进一步深入，国际合作和文化交流的扩大，以及中国加入世界贸易组织，它必将给中国的教育尤其是外语教育带来深远的影响。

由于受结构主义的影响,造成人们在对外交际中常常误会。英语教学中,培养、加强文化学习十分必要。

(二) 跨文化交际英语教学

1. 跨文化交际内容

跨文化交际包括以下几个方面的内容。

(1) 语言交际。包括词汇、语段、文章等。

(2) 非语言交际。包括面部表情、姿势、体态等。

(3) 交际习俗与礼仪。包括打招呼、访友、做客等。

(4) 社会结构及人际关系。包括家族关系、朋友关系、同事关系和社区关系等。

(5) 价值观念。包括人们的信仰、观点等。

2. 跨文化交际英语教学步骤

(1) 准备阶段。针对教学内容中所包含的文化知识,教师可以采取教师讲解、问卷测试、词汇联想、图片实物展示等方法让学生对于将要学习的内容有一个初步的了解。

(2) 讲解阶段。

①对比法。交际习俗与礼仪。中国人在饭桌上喜欢互相劝酒,而这在西方人眼里就是强人所难的举动。

②翻译法。当我们在做翻译练习时,目的语中没有生词,但英汉两种语言在词汇、句型结构等方面有很大差异,所以典型句子的翻译在提高翻译水平的同时也提高了学习者的文化意识。

(3) 习得阶段。跨文化差异的学习其最终目的是使得学习者掌握差异。

(三) 外语教学中跨文化交际能力的培养

对这门学科的深入研究,使外语教学的内容得以充实与丰富。跨文化交际与外语教学密不可分,更重要的是要培养学生的交际能力。

三、跨文化英语教学与传统英语教学的区别

长期以来,我们更多的是重视进行听、写等语言基础知识的训练,就能理解英语和用英语进行交际,尤其是学生跨文化交际能力的培养。

跨文化英语教学既要关注外语教学的语言文学目标,它在教学原则和方法上与传统外语教学最大的区别在于以下几点。

(1) 语言教学与文化教学有机结合。英语语言的学习是文化学习的手段;文化学习为英语学习提供了丰富多彩、真实鲜活的素材和环境。语言教学与文化教学的结合贯穿外语教学的各个阶段。

(2) 跨文化英语教学特别重视调动学习者的各种学习潜能和机制。语言的学习和文化的学习都是一个终身学习的过程。

(3) 跨文化英语教学重视学习者本族文化的作用。比较和对比是实现这一教学目的的主要方法,不断地将本族文化现象与其他文化的相关现象进行比较和对比。

(4) 跨文化英语教学体验探索式的教学方法的作用非常明显。外语教学必须重视文化之间的差异,教师应该充分利用各种手段加强语言文化导入,融语言、文化于一体,从而

提高学生的跨文化交际能力。

四、跨文化交际英语教学策略

英语教学的目的是交流，大学英语教学的侧重点都放在了语言知识的传授上。因此，教师要转变自己的观念，同时还要采用相应的策略和方法。

(一) 转变观念

外语教学大多只在课堂上进行，教师起着绝对的主导作用。

(二) 改进传统的教学方法

大学英语的教学都把侧重点放在了语言知识的传授上，为了改变这种局面，从质和量两个方面对课堂教学中的文化教学加以控制。

(三) 引导学生广泛接触西方文化知识

仅仅依靠教师在课堂上的教学来培养跨文化交际能力是远远不够的，从中汲取文化精华，提高文化素养，扩宽文化视野。

五、跨文化英语教学的原则

跨文化英语教学的基本出发点是将英语作为国际通用语进行教学，教师是教学的主要执行者，是教学的主体，学习者的中心地位要凸现出来。

(一) 以引导学习者进行自主学习为主要教学模式

学习者是教学过程的真正主体，在跨文化英语教学中，他们对母语和本族文化的体验和理解、对目的文化和其他文化的态度，很多与学习者的过去、现在和未来密切相关。

(二) 语言教学与文化教学有机结合

来自世界各地、各文化群体的人们需要英语作为沟通和交流的媒介。由于英语语言学习本身涉及文化的学习，所以，英语的学习是文化学习的手段。

六、外语教学中学生跨文化交际能力提高的方法

(一) 采用对比法，介绍不同背景知识

各个民族由于地域、生态环境、政治制度、历史背景、风俗习惯、价值观念、行为模式的不同，其文化特征也不一样。只有通过对比才能发现本国文化与目的语文化之间的异同，从而获得一种跨文化交际的文化敏感性，加深对中外文化的理解，提高文化意识。教师可以在课堂上引入相关典故风俗，更多地介绍风土人情，捕捉中西方背景知识的不同点，让学生通过对比来了解双方文化的差异，加深对目的语国家文化的认识，从而养成得体的语言习惯。

只有通过比较，我们才能认识到该国文化和目标语言文化之间的共同点和差异，以便加强文化间交流的认识，加深中国文化和其他文化的理解，增强文化意识。教师可以在课堂上引入相关的宣传，引入更多地方风俗，找出中国和西方的文化背景之间的差异，使学生能够比较了解两种文化之间的差异，加深对目标语言和目标文化的理解，从而发展一个体面的设施。

(二) 窄式阅读法

窄式阅读法是非常有效的方法，提供文化专题和背景知识，使学生在短时间熟悉词

汇、主题、风格和文化内容。这一方法使学生能够全面了解目的语国家的文化背景，扩展知识，扩大视野。

（三）营造文化氛围，体验异国文化

英语老师的工作是创造现实语言交流环境和背景来使用语言和表达，这样，学生就可以在语言中自由表达自己的思想和感情。学生通过结合教师讲解内容可以调整和展示对话模式，使语言和文化能够得到真实体验，同时尊重文化细节，提高对文化的敏感性和意识。这其中包括问候、致谢、称呼等习语和委婉语、禁忌语等的得体运用。

（四）教学中导入文化背景知识

语言是文化的载体。学习一种外语，学生可以了解一个陌生国家的文化和历史，可以帮助学生在未来多元社会中理解他人，互相尊重，寻找合作与发展，共同维护世界和平与稳定。语言也是一种文化反映和写照，它反映文化形式，人们对世界的看法也全部或部分地由语言结构决定。语言和文化不可分割，人们用语言来记录和评估客观事物。文化系统影响和约束使用语言。要掌握两种语言，必须掌握两种文化。唯有克服这些目的语国家的文化障碍，我们才能达到交流得体与顺利。为了提高语言实用性，我们可以在实际意义上体现高质量教育。在课堂上，应该加大教育工作者的内容和所规定的知识范围，使认知能力逐步扩大，以便增加陌生文化的理解，教学中涉及的英语国家文化知识要与日常生活紧密地联系在一起，能够激起学生对英语学习的兴趣。需要帮助学生扩大与外国文化的交流，以便增强他们对中国和外国文化差异和相似性的敏感，改善文化交流能力。

（五）语言教学中的跨文化导入

语义学把词汇分为概念意义和联想意义。概念意义就是词汇的语言意义，而联想意义是与语言使用有关的意义。英语词汇的文化内涵就属于联想意义的范畴，它包含某一文化对某一事物的评价。

（六）语言教师的素质提高和角色转换

教师是教育的执行者。教育教学能力是测量英语教师能力素质和教学质量的最重要因素。职业发展决定了教育和教学质量、学科的长期发展和学术界的发展程度。英语教师要尊重职业发展，他们需要靠自己的力量成为研究型教师。

在目前中国教学系统中，外语教学通常都在课堂上进行，教师发挥绝对的领导才能。引入跨文化内容有利于打开眼界，拓展思路，提高综合素质，使其得到一定艺术修养和中外文化精髓，有利于提高学生创新和实践的能力，我们必须正确理解外语交流的重要地位，提高当前课堂之间的交流、沟通和理解，并在课堂中充分反映了这一点，以便培养文化间交流质量。

七、跨文化交际的英语教学模式

（一）对文化因素在语言教学中的重要性认识

外语课程应包括学习者语言能力、语言运用能力、社会文化能力以及学习者之间的交流能力。与研究者和普通外语学习者不同，举止、习惯和价值观是外语学习者学习的重要组成部分。

语言和社会关系的学习已成为一种趋势，外语教学方法和教学模式已经取得了重大变化。在语言教育性质方面,还有一些信念和原则在人们思想中深刻扎根,这些会潜移默化地削弱语言课程中的文化教学。

将语言仅仅当作一种符号,在某种程度上,如果只对与语言有关的社会动态给予关注,也可能导致跨文化交际中的误解。

缺乏了文化因素的外语教学是不准确的,也是不完整的。学习目的语文化的重要性随着语言学习者与外国文化越来越频繁的接触而逐步凸显出来,这种障碍就是母语文化的缺失,外语教学的目的主要是培养学生把语言作为交际工具来掌握。因此,不同阶段的语言教学应与不同层次的文化教学有机地结合起来,以使学生英语水平得到全面提高。

(二) 跨文化交际大学英语教学模式的构建

我国最新大学英语教学大纲《大学英语课程教学要求》对大学英语课程的性质和目标进行了定义:"大学英语教学是高等教育的一个有机组成部分,大学英语课程是大学生的一门必修基础课程。大学英语是以英语语言知识与应用技能、学习策略和跨文化交际为主要内容,以外语教学理论为指导,并集多种教学模式和教学手段方法的教学体系。大学英语的教学目标是培养学生的英语综合应用能力,特别是听说能力,使他们在今后工作和社会交往中能用英语有效地进行口头和书面的信息交流,同时增强其自主学习能力,提高文化素养,以适应我国社会发展和要求。"《大学英语课程教学要求》还对课程设置做出规定:"各高等学校应当根据实际情况,按照《教学课程大学英语要求》确定本校的大学英语教学目标,设计各自的大学英语课程体系,将综合英语类、语言技能类、语言跨文化视角下的大学英语教育探索应用类、语言文化类和专业英语类等必修课程和选修课程有机结合,以确保不同层次的学生在英语应用能力方面得到充分的训练和提高。……大学英语课程不仅是一门语言基础知识课程,也是拓宽知识、了解世界文化的素质教育课程。"

因此,在设计大学生英语课程时,还应该充分考虑到学生文化的质量和国际文化知识的传授。在培养文化交流能力的基础上,构建跨文化交际大学英语教学模式。设计这一模式的教学计划由两个方面组成,语言基础系列课程和跨文化应用系列课程。

①制订教学目标所遵循的原则。
②确定语言教学内容所遵循的原则。
③确定文化教学内容所遵循的原则。
④使用教材所遵循的原则。
⑤课堂语言教学所遵循的原则。
⑥课堂文化教学所遵循的原则。

第三节 大学英语跨文化意识的培养

一、跨文化人的能力培养

跨文化人具备跨文化交际能力,英语成为一门全球通用语,很多学者提出跨文化交际能力,在对同一语境中,解决的是同一语境中不同文化之间交际规则的碰撞和冲突问题。

在对跨文化交际能力的界定中，包括了知识、技能和态度三个层面，有学者甚至认为文化意识是核心部分，是其他维度的出发点。跨文化交际能力的形成是一个动态的过程，而不是静态的结果，个体不可能百分百完全获得跨文化交际能力，通过认知、行为和情感的理解，解决新的问题，从中逐渐获得跨文化交际能力。

国外研究中，跨文化交际能力强调的是对文化的深刻洞察和对不同文化的积极态度，既包括交际能力，又不局限于交际能力，是获得一种新的视野。我国学者用"道"与"器"来形容跨文化交际能力的外在表现和内在能力的关系，强调"道"的重要性。

二、跨文化交际能力培养

大学生跨文化交际能力的培养，要加强跨文化培训。跨文化培训一般包括：对目的语文化和母语文化的了解，习俗、生活方式等培训，跨文化交际及冲突解决能力的培训等。跨文化培训还包括培养大学生的观察能力和面对面交际的能力，使学生在模拟真实的环境中学习目的语文化。

培养跨文化交际能力还要帮助大学生树立全球文化意识。尽管普遍存在着人类文化的差异，但是具有某些共同特点的全球文化正在出现。作为文化素质教育一部分的大学英语教育，要使学生具备跨国性能力去适应全球市场的要求，能够共享全球资源。

在大学英语教学中进行跨文化能力的培训，具体的做法可以有：

文化讲解。向学生提供关于目的语文化的概况知识。内容有关目的语文化的历史、人文、社会、制度、经济、习俗、态度等方面。学生可以从中体验文化差异，了解目的语国家的价值观，理解母语文化深度分析。教师和学生可以通过分析网络或影像等实时材料，与学生一起进行深度探讨。还可以让学生通过角色扮演，使用英语进行各种场景模拟来强化对异文化的理解和培养自我意识，提高应变能力。学生能了解母语文化及其与目的语文化的异同，分析不同的思维方式、行为方式和准则。

实际体验。可以让师生互动，也可以让大学生与外籍教师和留学生互动，提高大学生对异文化的感知度，同时察觉自己母语文化中习以为常但又不被异文化接受的行为，能应对不同文化和及时解决文化冲突，提升跨文化交际技巧。

三、大学英语教学中跨文化交际能力的培养

（一）高校语言教学中跨文化交际能力培养的目标

（1）帮助学生逐步明白一个事实：所有的人都会表现出由不同文化产生的行为。

（2）帮助学生逐步明白：社会的各种因素，诸如年龄、阶级和居住地都无一不影响着人们说话和行为的方式。

（3）帮助学生更多地了解目的文化中在一般情景下人们的具体习惯行为。

（4）帮助学生增加对目的语中的词和短语的文化含义的理解。

（5）帮助学生发展根据证据对目的文化做总体鉴定的能力。

（6）帮助学生培养搜寻和组织文化信息的必要能力。

（7）激发学生对目的文化在智力方面的好奇心，培养学生对其他民族人们的同情和理解。

(二) 大学英语教学中跨文化交际能力培养的具体实施方法

跨文化交际能力的培养是一个复杂的系统工程，它所涉及的范围既具体又广阔。为了切实地提高学生的跨文化交际意识，在具体实施中应该从以下几个方面入手。

1. 教学中注重介绍词语的文化内涵

语言词汇是最明显的承载文化信息、反映人类社会文化生活的工具。词语在文化上的差异是学好英语的一大障碍。

2. 教学中挖掘中英两种语言在句法和篇章结构上的差异

在课堂上，学生应该要记住中文和英文结构差异，汉语句子重意合，英语句子重形合。英语从一个简单的主题开始，然后按一条线，围绕主题句展开，每句话都与主题紧密相关。

3. 教学中介绍英语的交际习惯和行为方式

文化限制了人们的行为，也限制了人们的语言行为，不同文化背景的人拥有不同的语言习惯和行为，以便提高学生之间的文化交流能力。

(三) 跨文化交际能力培养中文化教学的原则

为培养学生跨文化交际能力所采用的文化教学是为语言教学服务的，不可为了文化而文化。一般来说，大学英语课堂中文化教学应注意以下几个原则。

1. 大学英语课堂上的文化教学要注意与课文的关联性

课堂上所讲的文化知识点必须与课文内容密切相关。

2. 英语课堂上的文化教学要讲究适度性原则

文化教学要把握好尺度，分清主次。

3. 介绍文化知识要注重实用性原则

课文中所出现的对于跨文化交际使用价值大的文化知识点应该作为文化教学的重点内容。

4. 文化教学要力求科学性

文化教学要有计划、按步骤地实施，要尽可能做到准确、全面、客观，使文化教学与语言教学有机结合，从而取得良好的教学效果。

在日常教学中对文化教学要给予足够重视，认真贯彻跨文化交际能力培养的具体方法。

四、跨文化交际意识培养

20世纪中叶以来，越来越多的英语教学和研究人员意识到了将语言教学与文化教学有机结合的重要性和必要性。

(一) 英语学习课堂中进行文化教学的必要性

语言与文化密不可分，我们一直在讨论的文化与语言之间的关系使得文化本身成为任何第二语言学习课程中必不可少的一部分。对于许多学生，尤其是那些出于融入目的文化动机而学习的学生来说，能够赋予语言以生命力的恰恰就是文化学习。

从更为广泛的意义上来讲，文化习得是创造世界和平、保障经济合作的迫切需要。对于某些民族成员生活方式的了解有益于我们了解世界上相互冲突的价值观体系。

(二) 文化意识形成的不同阶段

在习得目的文化的过程中，学习者从起初的持有文化定势到最终达到真正的移情，需要经历文化意识形成的不同阶段，由于文化学习者个体存在差异，其最终所能达到的层次也不尽相同。

1. 层次一：事实、定势和不足

在这一层次上，学习者感受到的文化信息包括学习者认为的目的文化事实、对目的文化及其中的人群持有的文化定势和学习者所认为的目的文化具有的"不足"。

2. 层次二：浅显的理解

在第二层次上，第二语言学习者会发现更多有关目的文化的细微特点并且有时可能会感觉到失望或沮丧。在这一时期，学习者对于他们观察到的事物只表现出浅显的理解，而非深入的理解。

3. 层次三：深入的理解

在第三层次上，第二语言学习者开始从文化载体本身参考框架的角度来理解文化现象。这一层次的学生开始掌握能够与目的文化礼貌传统相结合的主观防御机制，进而能够理解来自目的文化的人传递给他们的某些混杂的信息。

4. 层次四：移情

这一层次指的是只有通过融入某一文化才能获得的真正的文化立场的转换和对自己母语文化框架模式的超越。

一些第二语言的学习者非常渴望尽快了解目的文化社会，许多学习者并不能够完全了解并适应目的文化。有时候，在跨文化交际课堂上，虽然有的学生完成了对目的文化某些方面的学习，甚至有些留学生的最终目标只不过是带着良好的目的语技能和较高的目的语国家的学位荣归故里。

大多数的第二语言学习者还是十分渴望通过在目的语国家学习或生活，观察他们周围的文化传统习俗，并设法适应目的语文化来开阔其文化视野。

(三) 跨文化交际意识教学的课堂活动

对于目的文化的学习并不是简单的理论堆砌，跨文化交际意识的培养也就无从谈起。通过生动的跨文化交际课堂活动，让学生去真正地了解和体会目的文化以及目的文化当中人们的行为模式。

1. 目的文化信息源

这一类型的文化教学活动可以采取多种形式进行。这其中的许多技巧都可以用于跨文化交际课堂中，但事实上，这些还远远不够。

2. 教师的讲解与展示

一般来讲教师在课堂上的讲解与展示是必不可少的，但是文化教学绝不是只限于以教师为中心的教师讲解活动。教师在课堂上所扮演的角色不应该是滔滔不绝的演示者，而是要成为一系列不同的文化教学活动的组织者和倡导者。

3. 欣赏音乐

音乐本身就是一种国际化的语言，它能够引导学生更好地学习新的语言并了解新的文化。

4. 实物与绘画

教师可以在跨文化交际课堂中，布置一些反映目的文化的实物、图画和照片。这一课堂活动的优点在于能够激发学生就其母语文化和目的文化中的同类实物和场景进行跨文化的对比与比较。

5. 文化模拟

任何形式的文化模拟活动都可以帮助学习第二语言的学生认识并了解目的文化。

6. 调研性的文化学习活动

这一类型的活动是由学生自行选取或设计的，可以与他人合作的方式进行。

7. 学习风格清单

另一种文化教学准则的目的是吸引学生兴趣，提供丰富的文化信息，通过不同文化和不同方式教育学生。当然，某种文化背景的学生有不同的风格，但是许多不可避免的文化方面有相似之处。

8. 课堂讨论活动

课堂讨论活动对学生培养文化意识具有显著的效果，并且这一活动的进行离不开一些刺激方法和输入方法的配合。

学习文化知识并不是简单的理论堆砌，需要结合具体的跨文化教学实践来进行。在跨文化交际的课堂中，教师的角色不仅要是语言知识的传授者，也应该是目的文化知识的传授者。

参 考 文 献

[1] 王家华. 文学翻译与大学英语教学研究 [M]. 天津：天津科学技术出版社，2023.01.
[2] 苏婷婷，董霞，靳慧敏. 互联网背景下的大学英语教学创新研究 [M]. 北京：中国书籍出版社，2023.01.
[3] 袁园. 信息化背景下的大学英语教学改革研究 [M]. 哈尔滨：哈尔滨出版社，2023.03.
[4] 卢兵. "管云端"时代移动互联网与大学英语教学的融合路径研究 [M]. 北京：新华出版社，2023.03.
[5] 彭莉. 大学英语课堂教学与优化策略研究 [M]. 北京：北京工业大学出版社，2023.04.
[6] 周影，陈典港. 互联网视角下大学英语混合式教学探究 [M]. 北京：中国书籍出版社，2023.01.
[7] 李燕. 建构主义理论与大学英语写作教学模式研究 [M]. 成都：西南交通大学出版社，2023.03.
[8] 施黎辉，付国伟. 高校学术研究论著丛刊信息化时代大学英语自主学习能力的培养研究 [M]. 北京：中国书籍出版社，2023.01.
[9] 邓军莉. 英语思维与跨文化交际能力探索 [M]. 长春：吉林出版集团股份有限公司，2023.03.
[10] 韩曙光. 大学英语课堂教师提问在师生互动中的作用研究 [M]. 徐州：中国矿业大学出版社，2023.02.
[11] 王建梅. 新时期英语教育的优化发展路径研究 [M]. 长春：吉林大学出版社，2023.01.
[12] 刘剑华. 大学生英语写作能力培养研究 [M]. 北京：北京工业大学出版社，2023.04.
[13] 李德芳. 实用英汉汉英词典 [M]. 成都：四川辞书出版社，2023.01.
[14] 何啟滨. 大学英语教学面面观 [M]. 北京：光明日报出版社，2022.07.
[15] 吴朝霞，马之成. 大学英语教学理论与实践研究 [M]. 长春：吉林摄影出版社，2022.01.
[16] 周雪. 多元视阈下的大学英语教学研究 [M]. 北京：中国商业出版社，2022.01.
[17] 鲁巧巧. 大学英语教学变革与赋能 [M]. 长春：吉林出版集团股份有限公司，2022.06.
[18] 侯敏灵. 大学英语教学方法改革与实践探索 [M]. 长春：吉林摄影出版社，2022.01.
[19] 刘潜. 语言学与大学英语教学融合探索 [M]. 长春：吉林出版集团股份有限公司，2022.12.
[20] 孙海珊. 大学英语教学改革的多元视角探索 [M]. 长春：吉林出版集团股份有限公司，2022.10.
[21] 孙志永. 新时代大学英语教学改革与英语教师专业发展 [M]. 开封：河南大学出版社，2022.03.
[22] 赵垒. 大学英语教学模式构建与课程改革研究 [M]. 北京：北京工业大学出版社，2022.03.
[23] 刘欣. 多模态视角下的大学英语教学模式研究 [M]. 北京：中国纺织出版社，2022.06.
[24] 张慧. 信息化背景下大学英语教学与创新思维研究 [M]. 北京：中国纺织出版社，2022.08.
[25] 侯丽梅. 自主学习能力培养下的大学英语教学改革 [M]. 北京：中国书籍出版社，2022.01.
[26] 孙晓鸣，张锦娜，张逸洋. 大数据时代大学英语教学模式创新与实践研究 [M]. 哈尔滨：哈尔滨出版社，2022.09.
[27] 翟平丽. 大学英语教学与教师信息化素养研究 [M]. 延吉：延边大学出版社，2022.03.
[28] 高旭峰. 跨文化交际与大学英语教学理论与实践研究 [M]. 延吉：延边大学出版社，2022.03.

[29] 李琳莉. 大学英语教学基础理论与转型发展研究［M］. 长春：吉林文史出版社，2022.07.

[30] 曲晨晖，叶娜，孙莉莉. 基于网络环境的大学英语教学理论与实践研究［M］. 长春：吉林人民出版社，2022.05.

[31] 贾芳，王禄芳，刘静. 跨文化视域下的大学英语教学探究［M］. 长春：吉林人民出版社，2022.05.

[32] 蔡玲. 大学英语教学实践探索［M］. 长春：吉林文史出版社，2021.03.